Die Küche
in Südtirol

Anneliese Kompatscher ist in Völs am Schlern geboren und aufgewachsen, sie wohnt seit einigen Jahren in Grafing bei München. Sie ist Fotografin von Beruf, hat sich in Deutschland auf das Fotografieren von Gerichten spezialisiert und bisher an zahlreichen Kochbüchern deutscher Verlage mitgearbeitet. In ihrer Freizeit ist sie eine begeisterte und versierte Köchin, die seit Jahren mit Vorliebe Rezepte aus ihrer Heimat sammelt und nachkocht.
Von der Autorin im selben Verlag erschienen: „Bilder zum Verweilen", Bildmeditationen; „Vielgeliebter Bauerngarten" (in Zusammenarbeit mit Brigitte Grießmair).

Ein Großteil der Gerichte konnte mit freundlicher Genehmigung der Besitzer im Hotel Heubad, Völs am Schlern, zubereitet und in den dortigen Räumlichkeiten aufgenommen werden.

1987

Farbfotos: Anneliese Kompatscher
Umschlaggestaltung: Roland Prünster, Bozen
Layout: Anneliese Kompatscher
Gesamtherstellung: ATHESIADRUCK, Ges.m.b.H., Bozen
ISBN 88-7014-361-9

Anneliese Kompatscher

Die Küche *in Südtirol*

Ein Bildkochbuch

Sechste, überarbeitete Auflage

VERLAGSANSTALT ATHESIA - BOZEN

Vorwort

Dies soll ein Kochbuch für all jene sein, die Spaß am Kochen haben und die die Spezialitäten der Südtiroler Küche schätzen, wobei die Südtiroler Küche nicht genau definiert und gegen andere abgegrenzt werden kann, da sie von vielen Einflüssen benachbarter Länder geprägt worden ist. Dadurch hat sie zwar nie eine besondere Eigenständigkeit erreicht, aber sie hat von den fremden Einflüssen das Beste für sich beansprucht. So vereint sie das Natürliche, Leichte der italienischen Küche mit dem Bodenständigen, Kräftigen der alpenländischen.

Ich habe versucht, bekannte und weniger bekannte Spezialitäten und alltägliche Gerichte, die man landauf, landab privat kocht oder in Gaststätten serviert bekommt, mit aufzunehmen.

In den italienischen Teil wurden viele italienische Spezialitäten aufgenommen, die mittlerweile zum festen Bestand der einheimischen Küche gehören oder häufig in italienischen Restaurants in Südtirol serviert werden.

Für ein eigenes Kapitel wurden von vier bekannten Südtiroler Köchen vier verschiedene Menüs ausgearbeitet. Hierbei handelt es sich zum Teil um Rezepte der „Neuen Küche". Um zu einer leichten, bekömmlichen Kost zurückzufinden, werden in dieser „Neuen Küche" nur Produkte ausgezeichneter Qualität verwendet, und es wird Wert darauf gelegt, den ursprünglichen Geschmack der Zutaten vollendet zur Geltung zu bringen. Die Zubereitung dieser Gerichte erfordert etwas mehr Erfahrung, sollte aber deshalb niemanden davon abhalten, sich an einem solchen Menü zu versuchen.

Gutes Gelingen und guten Appetit wünscht

Anneliese Kompatscher

Völs am Schlern und München,
im August 1985

Inhalt

Alle Rezepte sind, falls nicht anders angegeben, für 4 Personen berechnet.

Kalbskopf sauer

(für 6 Personen)

1/2 Kalbskopf, mit der Zunge
1 Karotte, 1/2 Lauchstange
1/4 Sellerieknolle, Pfefferkörner
Wacholderbeeren, Lorbeerblatt
Salz, Zitronensaft
Zum Anrichten: 2 Zwiebeln, Essig, Öl
Salz, Pfeffer

Den Kalbskopf gut wässern und mit den Gewürzen und dem Wurzelwerk in Salzwasser in ca. zwei Stunden weich kochen. Den Schaum immer wieder abschöpfen. Das Fleisch vom Knochen lösen (eine etwas schwierige Arbeit!), die Zunge enthäuten. Kalbskopf mit der Zunge in ein feuchtes Tuch einrollen und zubinden oder in eine längliche Form pressen und im Kühlschrank erstarren lassen.
Vor dem Servieren in fingerdicke Scheiben schneiden, kurz in heißem Wasser anwärmen, auf einem Teller anrichten. Zwiebeln in dünne Ringe schneiden und an den Rand des Tellers legen. Essig, Öl, Salz, Pfeffer getrennt dazu stellen. So kann sich jeder den Kalbskopf nach seinem Geschmack anrichten.
Wenn man den Kalbskopf noch am selben Tag essen will, wird er nur nach dem Kochen ausgelöst, von unansehnlichen Stellen befreit und auf einem Teller in Scheiben und mit etwas Zunge gut lauwarm angerichtet. So schmeckt er am allerbesten.

Anmerkung: Man kann die Kalbskopfscheiben auch panieren, in Butter braten und mit gebackener Petersilie und Kartoffelsalat servieren.

Ochsenmaulsalat mit Zwiebelsoße

500 g gekochtes Ochsenmaul
Für die Zwiebelsoße:
1—2 Zwiebeln
Salz, Pfeffer
Essig, Öl
Senf nach Belieben

Das Ochsenmaul in sehr dünne Blättchen schneiden und auf Tellern anrichten. Die Zwiebeln sehr fein hacken und mit Salz, Pfeffer, Essig, Öl und je nach Geschmack mit Senf anmachen und über das Ochsenmaul geben.

Saure Knödel

4—6 übriggebliebene Speck- oder Fastenknödel
1—2 Zwiebeln
Pfeffer, Salz
Essig, Öl
Schnittlauch

Die Knödel in Scheiben schneiden und auf vier Tellern anrichten. Die Zwiebeln in dünne Ringe schneiden und auf den Knödeln verteilen. Mit Pfeffer, Salz, Essig und Öl abschmekken, zum Schluß kleingeschnittenen Schnittlauch darüberstreuen.

Graukas mit Zwiebeln

600 g Graukas
1—2 Zwiebeln
Salz, Pfeffer
Essig, Öl

Den Graukas auf vier Tellern verteilen, zerbröckeln, mit dünnen Zwiebelringen belegen und mit Salz, Pfeffer, Essig und Öl anmachen.

Anmerkung: Auf die selbe Art und Weise läßt sich Ziegerkas anrichten.

◁ Kalbskopf sauer

Schweinssulze

700 g Schweinefleisch (Kopf, Füße, Schwarten)
1 Eßl. Salz, 10 Pfefferkörner
5 Nelken, 2 Lorbeerblätter
1 große, halbierte Zwiebel
1 Karotte, je 1 Stück Sellerie und Petersilwurzel
2 Eßl. Essig
2 Eiweiß
1 hartgekochtes Ei
1 Essiggurke

Das Fleisch gut wässern, in einen hohen Topf geben, halb mit kaltem Wasser aufgießen und unter Beigabe von den Gewürzen und dem Wurzelgemüse zugedeckt langsam zum Kochen bringen. Den aufsteigenden Schaum immer wieder abschöpfen. Wenn das Fleisch weichgekocht ist, herausnehmen und von den Knochen lösen. Von der Brühe das Fett abschöpfen und eventuell etwas heißes Wasser nachgießen. Salz und Essig nach Geschmack hinzufügen. Die Kochbrühe durch ein Tuch in einen anderen Topf laufen lassen, zum Kochen bringen. Die zwei Eiweiß vermischen und unter Rühren in die kochende Brühe geben. Noch einmal aufkochen lassen (diese etwas langwierige Prozedur dient zur Klärung der Brühe). Das Fleisch in Scheiben schneiden und gefällig mit den Eischeiben, Gurkenscheiben und der Karotte in eine Schüssel oder Kastenform geben. Die Brühe darüber gießen, erkalten lassen (5—6 Stunden) und in Scheiben geschnitten mit Zwiebelsoße (siehe Ochsenmaulsalat, S. 9) und Roggenbrot servieren.

Zigorisalat

800 g jungen Zigori (Löwenzahnblätter)
4 hartgekochte Eier
Öl, Weinessig, Salz, Pfeffer

Im März junge Zigori samt Wurzelansatz mit einem spitzen Messer ausstechen, putzen (Wurzelansatz dranlassen, damit die Blätter nicht auseinanderfallen), waschen und auf einer Platte anrichten. Mit Öl, einem guten Weinessig, Salz und Pfeffer würzen. Eier schälen, vierteln oder halbieren und auf dem Salat verteilen.

Variante: Man kann den Salat auch mit ausgelassenen Speckwürfeln und Weinessig anmachen.

Krautsalat mit Speck

1 kleiner Krautkopf
Salz, Pfeffer, Kümmel
1 Eßl. Öl
140 g Speck, Essig

Den Krautkopf vierteln, vom Strunk befreien, feinnudelig schneiden, dann mit beiden Händen das Kraut zerdrücken, damit es weicher wird. Mit Salz, Pfeffer und Kümmel würzen. Den Speck in kleine Würfel schneiden und im Öl langsam braten. Mit Essig löschen und alles heiß über den Krautsalat schütten.

Pilzsalat

300 g Steinpilze
200 g Reizker
1 Zitrone, 1 Lorbeerblatt
Salz, Öl, Petersilie

Die geputzten Pilze blättrig schneiden und in einem Liter Wasser, das mit Zitronensaft, Salz und Lorbeerblatt gewürzt wurde, zwei Minuten kochen.
Pilze gut abseihen und mit einigen Tropfen Zitronensaft, Petersilie und Öl anrichten.
Eventuell zusätzlich mit einer Prise zerdrücktem Knoblauch würzen.

Zigorisalat ▷

Suppen

Fleischsuppe

2 l Wasser
500 g Rindfleisch,
2—3 Rindsknochen
1 Karotte, 1/2 Sellerieknolle,
Petersilie, 1 Zwiebel, 1 Stange Lauch
Salz

Das Rindfleisch und die Knochen waschen, in einen Topf mit dem kalten Wasser geben, aufkochen. Das Gemüse zugeben, salzen. Ca. 1 1/2 bis 2 Stunden langsam kochen lassen (wenn die Suppe zu stark kocht, wird sie trüb), abseihen. Salzen.

Anmerkung: Wenn man das Rindfleisch weiterverwenden möchte, wird es ins kochende Wasser gegeben, damit sich die Poren sofort schließen und der Fleischsaft nicht austreten kann. Allerdings wird die Suppe dann nicht so kräftig.

Frittatensuppe

70—80 g Mehl
1 Ei
1/8 l Milch, Salz
Etwas Butter
1 Eßl. Schnittlauch
1 l Fleischsuppe

Gesiebtes Mehl, Salz und Milch gut verrühren, dann das Ei und den gehackten Schnittlauch zugeben. Rasten lassen. In einer Pfanne etwas Butter zergehen lassen, den Teig dünn eingießen, von beiden Seiten backen, bis er schön gelb ist. Erkalten lassen, aufrollen und feinnudelig schneiden. In heißer Suppe servieren.

Backerbsensuppe

1 Ei
1/16 l Milch (1/2 Glas ca.)
60 g Mehl
Salz
Fett zum Ausbacken
1 l Fleischsuppe

Ei, Milch und gesiebtes Mehl zu einem Teig ausschlagen, salzen. Durch einen Schaumlöffel in heißes Fett tropfen lassen, goldgelb backen, herausnehmen und abtropfen lassen. In heißer Fleischsuppe servieren.

Grießnockerlsuppe

1 Ei
Ein Ei schwer Butter
Zwei Eier schwer Grieß
Salz, Muskat
1 l Fleischsuppe, Schnittlauch

Die Butter flaumig rühren, das Ei, Grieß, Salz und Muskat untermischen. 15 Minuten rasten lassen. Mit einem Kaffeelöffel in der nassen Handfläche kleine Nockerl formen (gekocht werden sie doppelt so groß), in kochendes Salzwasser geben und 20 Minuten leicht sieden. In einer guten Fleischsuppe, mit Schnittlauch bestreut servieren. Die obengenannten Mengen lassen sich beliebig erhöhen, aber das Verhältnis der Zutaten untereinander muß immer stimmen, also bei zwei Eiern: zwei Eier schwer Butter usw.

Suppen

Leberknödelsuppe

300 g altbackenes Weißbrot
200 g Rindsleber
100 g Kalbsnierenfett oder Öl
1/2 Zwiebel
Petersilie
1 Knoblauchzehe, 1/2 Teel. Majoran
1 Ei
Zitronenschale
Salz
1 l Fleischsuppe

Das Brot sehr klein schneiden und in eine Schüssel geben. Leber, Fett, Knoblauch, Zwiebel und Petersilie zusammen durch den Wolf drehen. Das Ei zugeben, mit Salz, Majoran und ein bißchen Zitronenschale würzen, dann mit dem Brot vermischen. Aus der Masse Knödel formen und in siedendem Salzwasser 15—20 Minuten leicht kochen.
In heißer Fleischsuppe servieren.

Speckknödelsuppe

300 g altbackenes Weißbrot
100 g geräucherter Speck
1/2 kleingehackte Zwiebel
1 Eßl. Butter
2 Eier
1/4 l Milch
2 Eßl. Mehl
2 Eßl. feingehackte Petersilie
Salz, Schnittlauch
1 1/4 l Fleischsuppe

Das Brot in kleine Würfel schneiden und in eine Schüssel geben. Speck sehr klein schneiden und zum Brot geben, Zwiebel in Butter abrösten. Die Eier mit einem Teil der Milch verquirlen, Salz und Petersilie untermischen und über das Brot gießen. Eine halbe Stunde ziehen lassen. Mehl, Salz, Zwiebeln und — falls nötig — noch Milch zugeben. Mit nassen Händen Knödel formen und in siedendem Salzwasser ca. 15 Minuten garziehen lassen. (Man kann auch einen Probeknödel kochen, um zu sehen, ob er zerfällt. In diesem Fall müßte man noch etwas Mehl dazugeben). In kräftiger Fleischsuppe mit Schnittlauch bestreut servieren.
Diese Menge ergibt 8 Knödel.

Fastenknödelsuppe

300 g altbackenes Weißbrot
60 g Butter
1/8—1/4 l Milch (je nach Bedarf)
3 Eier
1 Eßl. gehackte Petersilie
Salz, Muskatnuß
1 kl. Zwiebel
1 Eßl. Butter
1 Eßl. Mehl
1 l Fleischsuppe

Das Brot kleinschneiden, in Butter leicht abrösten. Milch mit den Eiern versprudeln und über das Brot gießen. Petersilie, Salz und eine Prise Muskatnuß zugeben. Zwiebel kleinhacken und in Butter anrösten, zum Brot geben. Alles 1/2 Stunde rasten lassen. Mehl untermischen, kleine Knödel formen und in Salzwasser ca. 15 Minuten leicht kochen lassen.
In heißer Fleischsuppe servieren.

Bachkressesuppe

1/2 kleine Zwiebel
30 g Butter
1/16 l Weißwein
1/2 l Fleischsuppe
80 g Kresseblätter, gewaschen
1/8 l Rahm
3 Eigelb
Salz, Zitronensaft

Die Zwiebel klein würfeln und in Butter weichdünsten. Mit dem Weißwein ablöschen, die Fleischsuppe aufgießen und aufkochen. Die Suppe zusammen mit den Kresseblättern im Mixer pürieren und zurück in den Topf geben. Rahm und Eigelb vermischen und die Suppe damit binden. Mit Salz und einigen Tropfen Zitronensaft abschmecken. Vor dem Servieren geröstete Weißbrotwürfel darüberstreuen.

Milzschnittensuppe (Hochzeitssuppe)

1 l Fleischbrühe
1 Kalbsmilz
2 Eier, 60 g Butter
Petersilie, Majoran, Zitronenschale
Salz, Pfeffer
7 altbackene Semmeln

Die Milz leicht klopfen, quer durchschneiden und mit einem Löffel ausschaben. Butter und Dotter schaumig rühren und mit der Milz und den Gewürzen vermengen. Eiklar zu steifem Schnee schlagen und locker unter die Milzmasse heben. Auf dünne Brotscheiben 1/2 cm dick aufstreichen, mit einer zweiten Brotscheibe bedecken und in heißem Fett schwimmend ausbacken. Abtropfen und auskühlen lassen, dann in Streifen schneiden. In heißer Fleischbrühe mit viel Schnittlauch servieren.

Anmerkung: Übriggebliebene Milzschnitten lassen sich gut einfrieren!

Vinschgauer Brotsuppe

1 kleine Zwiebel
50 g Butter
1 Vinschgauer Paarlbrot (oder 150—180 g Roggenbrot), zwei Tage alt
1 l Fleischsuppe
2 Eier
Salz, Pfeffer, Petersilie

Die kleingehackte Zwiebel in Butter anrösten, das würfelig geschnittene Brot zugeben und mitrösten. Mit heißer Fleischsuppe aufgießen, kurz aufkochen, salzen, pfeffern. Die zwei Eier in der Suppe gut versprudeln. Fein gewiegte Petersilie zufügen.

Milzschnittensuppe ▷

Hirnrouladensuppe

1 Zwiebel, 3 Eßl. Butter
4 Eier
60 g Mehl
Petersilie, Salz
1/2 Kalbshirn (1/2 Stunde wässern)
1 l Fleischsuppe

Zwiebel klein würfeln und in einem Eßlöffel Butter goldgelb rösten, kalt stellen. Die Dotter mit Mehl, Salz und Zwiebeln mischen. Eiweiß zu steifem Schnee schlagen und locker unter die Teigmasse heben. Auf ein mit gefettetem Pergamentpapier belegtes Blech dünn streichen, im Backrohr bei starker Hitze goldgelb backen (aufpassen!). In der Zwischenzeit das Hirn häuten, hacken und in der restlichen Butter mit Petersilie abrösten. Diese Masse auf den gestürzten, noch heißen Schöberlbiskuit streichen, sofort eng aufrollen und mit einem feuchten Tuch bedecken. Vor dem Servieren in Scheiben schneiden und in die heiße Fleischsuppe legen.

Hirnsuppe

200 g Kalbshirn
2 Eßl. Butter
1/2 kleine Zwiebel
1/2 kleine Lauchstange
1 Eßl. Mehl
1 l Fleischsuppe
1/8 l Rahm
2 Eidotter
1 Spritzer Weißwein
Salz, Pfeffer

Das Kalbshirn 30 Minuten wässern, die dünne Haut abziehen, alle Blutgerinnsel entfernen, gut spülen. Feingehackte Zwiebel und Lauch in Butter anschwitzen, das kleingeschnittene Hirn dazugeben und kurz mitschwitzen lassen. Das Mehl darüberstäuben, leicht bräunen, mit heißer Fleischbrühe aufgießen und 1/2 Stunde vorsichtig kochen lassen. Die Suppe passieren, mit Rahm und Eidotter binden, Wein zufügen. Mit Salz und Pfeffer abschmecken.

Anmerkung: Diese Suppe läßt sich gut mit verschiedenen gehackten Kräutern verfeinern.

Terlaner Weinsuppe

1/2 l starke Fleischsuppe
5 Eidotter
1/4 l Rahm
1/4 l Terlaner Weißburgunder
Brotwürfel von 1 altbackenen Semmel
1 Eßl. Butter

Brotwüfel in Butter abrösten und mit Zimt bestreuen. Die heiße Fleischsuppe mit den Dottern, Rahm und Weißwein in einem Topf mit schwerem Boden auf kleinem Feuer so lange schlagen, bis die Masse schön cremig ist. In vorgewärmte Suppentassen füllen und mit einigen Brotwürfeln und einer Prise Zimt bestreuen.

◁ Südtiroler Weinsuppe

Suppen

Saure Suppe

600 g Kutteln (gesäubert und vorgekocht)
3 Eßl. Öl
2 Eßl. Mehl
1 l Wasser oder Fleischsuppe
1/2 kleine Zwiebel, mit 2—3 Gewürznelken gespickt
2 Lorbeerblätter
Zitronenschale (1 Stückchen)
Salz, Pfeffer, Essig

Falls die Kutteln nicht weich genug sein sollten, diese in Wasser noch kochen.
Das Öl erhitzen, das Mehl hineinsieben und unter Rühren hellbraun werden lassen. Mit kaltem Wasser oder Fleischsuppe aufgießen, glattrühren. Die gespickte Zwiebel, Lorbeerblätter und Zitronenschale dazugeben und alles 15 Minuten kochen. Die gut weich gekochten Kutteln in feine Streifen schneiden. Die Gewürze aus der Suppe entfernen, die Kutteln dazugeben. Nochmals gut durchkochen. Mit Salz, Pfeffer und Essig abschmecken.

Anmerkung: Bei der Sauren Suppe Bozner Art wird etwas Tomatenmark beigegeben und die Suppe vor dem Servieren mit Parmesankäse bestreut.

Brennsuppe

70 g Mehl
70 g Butter
1 l Wasser
1 Lorbeerblatt, Salz

In einem Topf die Butter zerlassen, das Mehl hineinsieben und unter ständigem Rühren bei kleinem Feuer hellbraun rösten. Etwas Wasser zugießen, verrühren, bis sich die Knöllchen gelöst haben. Das restliche Wasser zugießen und alles mit einem Schneebesen gut versprudeln. Salzen, Lorbeerblatt zugeben, einmal aufkochen, dann 1/2 Stunde leicht kochen lassen. Vor dem Servieren kann man einen Spritzer Essig zufügen und eventuell ein versprudeltes Ei daruntermischen.

Gerstsuppe

100 g geräucherter Speck
100 g Gerste (Rollgerste)
1 3/4 l Wasser
200 g Selchfleisch
1 kleine Zwiebel, 1 Karotte, 1/2 kleine Lauchstange
1 Kartoffel
1 kleiner Selleriestengel
Salz

Den Speck kleinwürfelig schneiden und in einem großen Topf andünsten. Die gewaschene Gerste dazugeben, mit Wasser auffüllen. Das Selchfleisch beifügen, alles langsam in ca. 2 Stunden weichkochen. 20 Minuten vor Ende der Garzeit das sehr klein geschnittene Gemüse zufügen und mitkochen lassen. Das Selchfleisch herausnehmen, in kleine Stücke schneiden und wieder in die Suppe geben. Mit Salz abschmecken.

Gerstsuppe ▷

Spinatknödel

300 g altbackenes Weißbrot
1/8—1/4 l lauwarme Milch
800 g Spinat
30 g Butter
1 Knoblauchzehe
1 kleine Zwiebel
2 Eier
Salz, Pfeffer, Muskatnuß
1 Eßl. Mehl, 2 Eßl. Semmelbrösel
80 g Butter, 4 Eßl. geriebener Parmesankäse

Das Brot klein schneiden, mit der Milch nach Bedarf befeuchten. Den Spinat gut waschen, in Salzwasser garkochen. Abseihen, gut ausdrükken, passieren. Butter zerlassen, Knoblauchzehe und kleingehackte Zwiebel darin anschwitzen, Spinat zugeben und fünf Minuten mitdämpfen. Eier und Spinat zum Brot geben, gut vermischen, mit Salz, Pfeffer und einer Prise Muskatnuß würzen, Mehl und Semmelbrösel zugeben. Aus der Masse kleine Knödel formen und in Salzwasser ca. 15 Minuten leicht kochen.
Mit Parmesan bestreut und mit zerlassener Butter abgeschmelzt servieren.
Diese Menge ergibt 12 Knödel.

Steinpilzknödel

300 g altbackenes Weißbrot
1/10 l Rahm, ca. 1/8 l Milch je nach Bedarf
90 g Butter
3 Eier
200 g Steinpilze, wenn getrocknet: 60 g (getrocknete Pilze 3 Stunden in wenig Wasser einweichen)
1 Knoblauchzehe
1/2 Eßl. Mehl
1 Eßl. gehackter Schnittlauch
Salz
80 g Butter, 60 g Parmesankäse

Das Brot sehr klein schneiden, mit Rahm, 50 g zerlassener Butter, Milch nach Bedarf und Eiern vermischen, salzen. In der restlichen Butter die geputzten, kleingeschnittenen Steinpilze mit Knoblauch rösten (falls man getrocknete Pilze nimmt, kann man etwas der Einweichflüssigkeit dazuschütten und einreduzieren), zusammen mit dem Mehl und Schnittlauch zur Brotmasse geben, gut mischen, 20 Minuten rasten lassen. Knödel formen, in Salzwasser 15 Minuten leicht kochen.
Mit geriebenem Parmesan und zerlassener Butter servieren.
Diese Menge ergibt 8 Knödel.

Ultner Knödel (Hirnknödel)

300 g Semmel vom Vortag
2 Eier, 1/8 l Milch
80 g Bauchspeck, 1 Zwiebel
1 Kalbshirn
100 g Topfen
2—3 Eßl. Mehl
1 Zehe Knoblauch, 6 Eßlöffel Schnittlauch, Salz
Semmelbrösel, 80 g Butter

Die Semmel abrinden und klein schneiden. Mit der vermischten Eiermilch übergießen. Kleingeschnittenen Speck und Zwiebel anrösten. Das Hirn häuten, klein hacken, zusammen mit dem Topfen, der Zwiebel-Speck-Mischung, Mehl, 3 Eßlöffel Schnittlauch, Salz und der gehackten Knoblauchzehe unter das Brot mischen. Die Masse eine halbe Stunde rasten lassen. Falls die Masse zu feucht sein sollte, etwas Semmelbrösel dazugeben. Kleine Knödel formen, in Salzwasser ca. 15 Minuten leicht kochen. Mit viel Schnittlauch und zerlassener Butter servieren.

Anmerkung: Man kann die Hirnknödel auch in einer kräftigen Fleischsuppe servieren.

◁ Kasnocken, Steinpilz- und Spinatknödel

Kasnocken

300 g altbackenes Weißbrot
1/4 l Milch
300 g Schnittkäse (Emmentaler, Tilsiter, Gouda)
1 Zwiebel
1 Eßl. Mehl
3 Eier
2 Eßl. Schnittlauch und Petersilie
Salz
80 g Butter, 60 g Parmesankäse

Über das kleingeschnittene Knödelbrot die lauwarme Milch gießen, weichen lassen. Den Käse (man kann auch beliebigen anderen Schnittkäse verwenden) kleinwürfelig schneiden, mit der in Butter angerösteten Zwiebel, Mehl, den Eiern, Schnittlauch, Petersilie und Salz zum Brot geben. Gut vermischen. Mit einem Eßlöffel die Masse in der flachen nassen Hand zu Nocken formen, in Salzwasser 15 Minuten leicht kochen lassen. Mit Parmesankäse bestreuen und mit brauner Butter übergießen.
Original werden die Kasnocken mit Graukas zubereitet.

Hausnudeln nach Burgfrauenart

Ein Rezept von Max Ladurner

Für den Teig:
400 g Mehl
4 Eier
Salz
Für die Soße:
100 g Schweinefilet
70 g Bauchspeck
60 g Butter
120 g Steinpilze (ersatzweise auch Austernpilze oder Champignons)
1/2 Zwiebel, 1 Knoblauchzehe
1 Glas Rahm (ca. 1/8 l)
1—2 Spritzer Weinbrand
Salz, Pfeffer

Aus den Teigzutaten einen glatten, geschmeidigen Teig kneten (mindestens 10 Minuten kneten), zudecken und 20 Minuten rasten lassen. Die Arbeitsfläche leicht mehlen, den Teig sehr dünn austreiben, leicht mit Mehl bestäuben, zu einer Roulade aufrollen, 1/2 cm breite Scheiben herunterschneiden, wieder auseinanderrollen. Die Nudeln leicht antrocknen lassen. In der Zwischenzeit Zwiebel und Knoblauch klein hakken, in Butter goldgelb dünsten, das in Streifen geschnittene Schweinefilet zugeben und anbraten. Bauchspeck in Streifen, Pilze blättrig oder auch in Streifen schneiden, zum Fleisch geben. Alles gut durchrösten, den Weinbrand angießen, verdunsten lassen, mit Rahm auffüllen, etwas einkochen lassen. Salzen und pfeffern.
Die Nudeln in Salzwasser kurz kochen (probieren!), abseihen und in der Soße schwenken.

Hausnudeln nach Burgfrauenart ▷

Hexenschlucker

Ein Rezept von Erich Sander

Für den Teig:
300 g Mehl
2 Eier
3 Eßl. Öl
Etwas lauwarmes Wasser, Salz
Für die Füllung:
300 g Steinpilze
1 Eßl. Butter
1/2 Zwiebel, kleingehackt
1 Knoblauchzehe
1/2 Teel. Mehl
Petersilie, gehackt
80 g Butter, 2 Knoblauchzehen

Aus den Teigzutaten einen mittelfesten Teig kneten und zugedeckt eine Stunde rasten lassen. In der Zwischenzeit die Steinpilze putzen, klein hacken und in Butter mit Zwiebeln und Knoblauchzehen abrösten. Mit etwas Mehl anstauben, kurz aufkochen, mit Petersilie bestreuen.
Den Teig auf bemehlter Arbeitsfläche dünn austreiben, die Pilzmasse in einen Spritzbeutel füllen und in kleinen Häufchen auf das Teigblatt spritzen. Ein zweites, dünnes Teigblatt darüberdecken, rund ausstechen, die Ränder andrücken. In Salzwasser fünf Minuten leicht kochen. Die Butter mit den Knoblauchzehen nußbraun werden lassen, dann den Knoblauch entfernen. Über die abgeseihten Krapfen gießen.

Hirnprofesen (Pavesen)

300 g Kalbshirn (1/2 Stunde wässern)
1/2 kleine Zwiebel
40 g Butter
Petersilie, Salz, Pfeffer
2 Eidotter
Weißbrotscheiben
Etwa 1/8—1/4 l Milch
Mehl, 2 Eier
2—3 Petersilienstengel
Fett zum Backen

Zwiebel klein schneiden, in Butter goldgelb werden lassen, das enthäutete, gehackte Hirn dazugeben, mit Petersilie, Salz und Pfeffer würzen und gut durchrösten. Die Eidotter zugeben und verrühren. Stocken lassen. Diese Masse auf dünne Brotscheiben streichen, mit einer zweiten Brotscheibe belegen. Die Profesen mit Milch beträufeln, leicht mit Mehl bestäuben, dann in aufgeschlagenes Ei tauchen. In heißem Fett backen. Mit gebackener Petersilie servieren.

Spinatroulade

1 kg Kartoffeln
250—300 g Mehl
3 Eier
Salz
1 kg Spinat
Einige Knoblauchzehen
Salz, Pfeffer, Muskatnuß
60 g Butter, Salbeiblätter
50 g Parmesankäse, gerieben

Kartoffeln mit der Schale kochen, noch heiß schälen, passieren und mit Mehl und Eiern vermischen, salzen. Spinat waschen, kurz in Salzwasser kochen, gut ausdrücken. Kartoffelteig auf einem bemehlten Tuch 1/2 cm dick austreiben, Spinat darauf verteilen, mit zwei zerdrückten Knoblauchzehen, Muskatnuß, Salz und Pfeffer würzen, zusammenrollen, die beiden Enden des Tuches zubinden und die „Wurst" wie einen Braten binden. In siedendem Salzwasser 15—20 Minuten leicht kochen. Spinatroulade in dünne Scheiben schneiden, mit Parmesan leicht bestreuen und mit wenig brauner Salbeibutter beträufeln. In die Mitte jeder Scheibe eine geviertelte, gebratene Knoblauchzehe drücken.

Spargel mit Bozner Soße ▷

Spinatspatzeln mit Schinken

350 g gekochter, ausgedrückter und passierter Spinat (frisch ca. 800 g)
300 g Mehl
Knapp 1/8 l Wasser
2 Eier
Muskat, Salz
30 g Butter
150 g gekochter Schinken
1/8 l Weißwein, 1/8 l Rahm
4 Eßl. geriebener Parmesankäse
Pfeffer, frisch gemahlen

Mit dem passierten Spinat, Wasser, Mehl, Eiern, Salz und einer Prise Muskat einen mittelfesten Teig anrühren und schlagen. Eine halbe Stunde ruhen lassen. Den Teig durch das Spatzlsieb in kochendes Salzwasser drücken. Falls man kein Spatzsieb hat, streicht man die Masse auf ein angefeuchtetes Brettchen, taucht einen Messerrücken ins Wasser und schabt damit den Teig nudelig ins kochende Wasser. Sobald die Spatzeln hochkommen, mit einem Schaumlöffel herausnehmen, in ein Sieb geben und kurz abschrecken. Den kleingeschnittenen Schinken in Butter anschwitzen, mit Weißwein ablöschen, etwas einkochen lassen, mit Rahm aufgießen, salzen und pfeffern, Parmesan zugeben. Die Spatzlen in dieser Mischung gut durchschwenken, dann sofort in einer vorgewärmten Schüssel servieren.

Schwarzplentene Spatzlen

120 g Schwarzplentenmehl
80 g Weizenmehl
1/10 l Wasser, 1 Eßl. Öl
2 Eier
Salz, Muskatnuß
80 g Bauchspeck
1 Teel. Öl
1/8 l Rahm, 40 g Butter
50 g Parmesankäse

Gesiebtes Mehl, Wasser, Öl und Gewürze glattrühren, dann die Eier zufügen und vermischen. Den Teig durch ein Spatzlsieb in kochendes Salzwasser drücken, einmal aufkochen lassen, herausnehmen, abschrecken. Den Speck in Öl anrösten, mit Rahm aufgießen, etwas einkochen lassen. Die Butter darunterschlagen. Die Spatzlen darin schwenken und mit etwas Parmesan bestreut servieren.

Spargel mit Bozner Soße

1,5 kg Spargel
50 g Butter
Salz, Zucker
Für die Soße:
4 Eier
1 Teel. Senf, 1 Teel. Zitronensaft
Etwa 1/8 l Öl
2 Eßl. Essig, Salz, Pfeffer
2 Eßl. gehackter Schnittlauch
1 Teel. gehackte Petersilie

Spargel waschen, vom Kopf her schälen, holzige Stielenden abschneiden (1—2 cm). Die Spargel in eine Pfanne legen, knapp mit Wasser bedecken, Butter, Salz und eine Prise Zucker zugeben, mit gebuttertem Pergamentpapier bedecken und vorsichtig dünsten, bis fast die ganze Flüssigkeit verdampft und der Spargel gar ist (ca. 20 Minuten). In der Zwischenzeit die Eier 8 Minuten kochen, abschrecken, schälen. Die Dotter herauslösen, durch eine Sieb streichen und mit dem Öl langsam verrühren. Die restlichen Zutaten dazugeben. Zum Schluß die feingehackten Kräuter und das grobgehackte Eiweiß daruntermischen. Den gekochten Spargel auf einer gut vorgewärmten Platte (auch die Teller vorwärmen!) servieren. Die Soße getrennt dazu reichen.

◁ Spinatspatzlen mit Schinken

Ziegernöcklen

1 kg Kartoffeln, Salz
1 Ei
250—300 g Mehl
1 kleine Zwiebel
1 Eßl. Öl, 30 g Butter
250 g Ziegerkas (ersatzweise scharfen Gorgonzolakäse)

Die Kartoffeln schälen, waschen, in eine Schüssel hineinreiben, mit Salz bestreuen und 1/2 Stunde stehenlassen, bis sich Wasser gebildet hat. Das Wasser wegschütten. Ei und so viel Mehl zugeben, bis man einen festen Nockenteig hat. Die Zwiebel hineinreiben und vermischen. Mit dem Löffel Nocken abstechen und nach und nach ins kochende Salzwasser geben. 20 Minuten langsam kochen, dann mit dem Schaumlöffel herausnehmen.
In einer Pfanne Öl und Butter erhitzen, eine Lage Nocken hineingeben, darauf den Ziegerkas verteilen, wieder eine Lage Nocken und mit Käse abschließen. Auf der Unterseite etwas Farbe nehmen lassen, dann servieren. Nach Belieben mit Schnittlauch bestreuen.

Schlutzkrapflen

Für den Teig:
250 g Roggenmehl
250 g Weizenmehl
2 Eier, Salz
1 Eßl. Öl, lauwarmes Wasser nach Bedarf
Für die Spinatfüllung:
800 Spinat
4 Eßl. gehackte Petersilie
1 kleine Zwiebel
40 g Butter
1 Eßl. Mehl, 1/4 l Milch
1 Eßl. Parmesan
Salz, Pfeffer, Muskatnuß
80 g Butter
60 g Parmesan

Aus den Zutaten einen nicht zu festen Teig kneten. Eine Stunde zugedeckt rasten lassen. Spinat gut waschen, in Salzwasser garkochen, abseihen und sehr gut ausdrücken. Mit Petersilie mischen, beides zusammen passieren. Kleingehackte Zwiebel in Butter kurz rösten, mit Mehl anstauben, heiße Milch zugießen, gut verrühren und etwas einkochen lassen. Passierten Spinat zufügen und mit Salz, Pfeffer, Muskat und Parmesan würzen. Erkalten lassen. Teig sehr dünn austreiben und nun möglichst schnell arbeiten, damit der Teig nicht austrocknet. Mit einem runden Ausstecher oder einem umgestülpten Glas runde Flecke ausstechen, mit einem kleinen Löffel die Füllung daraufgeben, übers Mehl in die Handfläche ziehen, zusammenklappen und sofort mit den Fingern die Ränder „festpitschen“ (andrücken).
Dieser Arbeitsablauf soll sehr schnell geschehen, denn wenn die obere Teigfläche austrocknet und die untere feucht ist, lassen sich die Krapfen nicht zusammendrücken. (Die Fingerabdrücke am Rand soll man ruhig sehen). Die Schlutzkrapfen in Salzwasser fünf Minuten sieden, abseihen und mit Parmesankäse bestreut und mit zerlassener hellbrauner Butter abgeschmelzt servieren.

Anmerkung: Man kann die Schlutzkrapflen auch mit einer Spinat-Topfen-Füllung füllen. (Siehe S. 35).

Latzfonser Spinatkrapfen

Für den Teig:
250 g Roggenmehl
250 g Weizenmehl
250 g Topfen
Salz
1—3 Eßl. Milch je nach Bedarf
Für die Füllung:
1 kg Spinat
1/2 Zwiebel, 40 g Butter
2 Eßl. Schnittlauch gehackt
1 Teel. Mehl
1/8 l Fleischsuppe
1/4 l Rahm
1 Knoblauchzehe, Majoran
Pfeffer, Salz, Muskat, Maggi
Fett zum Ausbacken

Mit Mehl, Topfen, Salz und Milch nach Bedarf einen glatten, eher weichen Teig kneten, rasten lassen. Spinat gut waschen, in Salzwasser garkochen, abseihen, gut ausdrücken, passieren. Kleingeschnittene Zwiebel, Schnittlauch und Knoblauch in Butter anrösten, mit Mehl bestäuben, Spinat hineingeben, heiße Fleischsuppe und Rahm hinzufügen und umrühren. Mit Majoran, Pfeffer, Salz, Muskat und Maggi würzen, fünf Minuten dämpfen, dann abkühlen lassen.
Den Teig dünn austreiben, in 20 × 10 cm große Rechtecke schneiden. Füllung auf die vordere Hälfte der Teigflecken geben, andere Hälfte darüberklappen und mit den Fingern fest andrücken („anpitschen").
Mit dem Teigrad am festgedrückten Rand entlangradeln und dabei die Ecken abrunden. In heißem Fett schwimmend hellbraun backen.
Man kann diese Krapfen auch mit Sauerkraut füllen.

Blutnudeln

300 g Mehl
150 g Blut (Schweineblut)
2 Eier
1 Prise feingehackter Anis, Salz
80 g Butter, 3 Eßl. geriebener Parmesankäse

Das Mehl auf die Arbeitsfläche geben, eine Mulde bilden und in die Mulde das Blut, das Ei und die Gewürze geben. Alles miteinander schnell vermengen und zu einem glatten Teig kneten. Dünn ausrollen und mit dem Messer in fingerbreite Streifen schneiden. Etwas antrocknen lassen, dann kurz in Salzwasser kochen (probieren!). Mit Parmesankäse bestreuen und mit brauner Butter übergießen.

Schwarzplenten-Friegele

1 1/2 l Milch
150 g Schwarzplentenmehl
1 Teel. Weizenmehl
Knapp 1/16 l Wasser

Das Mehl miteinander vermischen, in eine Schüssel geben und nun mit den Fingern ständig rühren, mit der anderen Hand tropfenweise das Wasser zugeben, bis Pfurfelen (kleine Kügelchen) entstanden sind (das kann 20—25 Minuten dauern). Die Milch aufkochen, die Friegelen dazugeben und einmal wallend aufkochen lassen, mit wenig Salz würzen, in eine Suppenschüssel schütten und zu Tisch bringen.

Anmerkung: Schwarzplenten-Friegele ist eine nervenberuhigende Abendsuppe.

Einfache Bauernkost

Schwarzplentene Knödel mit Winter-Rettich

300 g hartes Schüttelbrot (ersatzweise Roggenbrot)
1—2 Tassen Milch
1/2 Zwiebel, 1 Knoblauchzehe
3 Eßl. Öl
4 Eßl. kleingeschnittenes Lauchgrün (oder Zwiebelröhrchen)
150 g weißen Speck
1 Kartoffel
200 g Schwarzplentenmehl
1 Teel. Salz

Brot kleinschneiden oder -grammeln, eine Tasse Milch darübergießen, weichen lassen. Kleingeschnittene Zwiebel und gehackten Knoblauch in Öl anbraten, über das Knödelbrot geben. Lauchgrün, kleingewürfelten Speck und die geriebene rohe Kartoffel untermischen, zum Schluß mit dem Schwarzplentenmehl vermengen. Falls die Masse zu trocken erscheint, die zweite Tasse Milch dazugeben. Salzen. Einen Probeknödel kochen, und falls er zerfällt, noch etwas Mehl unter die Masse mischen.
Diese Menge ergibt zehn Knödel.

Winter-Rettich

1 Winter-Rettich
1 säuerlichen Apfel
3 Eßl. Essig
1 Eßl. Öl

Rettich und Apfel schälen, grob reiben und mit Essig und Öl vermischen.

Anmerkung: Man kann die Plentenen Knödel auch in Fleischsuppe oder in kalter Milch servieren.

Erdäpfelplatteln mit Sauerkraut

1 kg Kartoffeln
250—300 g Mehl
60 g Butter
2 Eier, 1 Eidotter
Salz, Öl zum Ausbacken

Die Kartoffeln kochen, ausdampfen lassen, noch heiß schälen, passieren. Mit Mehl, weicher Butter, Eiern und einer kräftigen Prise Salz zu einem glatten Kartoffelteig verarbeiten. Auf der bemehlten Arbeitsfläche den Teig 1/2 cm dick austreiben, in Rechtecke schneiden und in heißem Öl hellbraun backen. Mit gekochtem Sauerkraut heiß servieren.

Schwarzplenten-Riebler

Knapp 1/2 l lauwarme Milch
1 Prise Salz
6 Eßl. Schwarzplentenmehl
1 Eßl. Weizenmehl
2 Eier
3 Äpfel
1—2 Eßl. Butter

Milch mit dem miteinander vermischten Mehl und Salz gut verrühren, das Ei leicht unterschlagen. Die Äpfel schälen, entkernen, in dünne Scheibchen schneiden und in den Teig rühren. Butter erhitzen, den Teig eingießen, von beiden Seiten gut und langsam braten (ca. 20 Minuten), dann in kleine Stücke reißen und mit Zucker bestreut servieren. Anstatt der Äpfel kann man auch einige Zwetschgen kleinschneiden und in den Teig geben.

Schwarzplentene Knödel ▷

Tirtlen

Für den Teig:
Teigzutaten wie bei den Schlutzkrapflen, S. 30
Zusätzlich 30 g zerlassene Butter
Für die Füllung:
1/2 kg Sauerkraut
1 kleine Zwiebel
40 g Butter
1 Eßl. Mehl
1/8 l Weißwein
2 Wacholderkörner
5 Pfefferkörner
1 Messerspitze Kümmel
Salz, Pfeffer
Fett zum Backen

Tirtlen werden aus demselben Teig wie die Schlutzkrapflen hergestellt, nur gibt man an Stelle des Öls die Butter in den Teig.
Aus dem gerasteten Teig wird eine 5 cm dicke Rolle geformt, von der man nach und nach eine Scheibe herunterschneidet, zu einem dünnen, handtellergroßen Blatt austreibt, mit der Krautfüllung füllt, mit einem zweiten Tirtl zudeckt und an den Rändern „festpitscht" (andrückt). In heißem Fett hellbraun backen.
Für die Fülle die Zwiebel klein hakken, in Butter anrösten, mit Mehl bestauben und mit Weißwein löschen Etwas einkochen lassen. Das Kraut klein hacken, in den Topf geben, würzen und 1/2 Stunde dünsten. Vor dem Weiterverarbeiten erkalten lassen.

Anmerkung: Original werden die Tirtlen mit einer Topfen-Kartoffel-Füllung gefüllt. Hierfür werden 200 g Topfen mit 100 g grob geraspelten, gekochten Kartoffeln, gehackten Zwiebelröhrchen, Schnittlauch und Salz vermischt.

Für die Spinat-Topfen-Füllung werden 200 g gekochter, passierter Spinat in Butter kurz gedünstet. Mit Salz, Pfeffer, Muskatnuß würzen und mit 200 g Topfen vermischen. Auskühlen lassen und die Tirtlen damit füllen.

Preßknödel

300 g Knödelbrot
130 g Graukas
2 Eier, Salz
3 gekochte, zerdrückte Kartoffeln
1/8—1/4 l Milch
2 Eßl. Mehl

Knödelbrot, Graukäse, Eier, Salz und Kartoffeln vermischen und mit der Milch übergießen. Ziehen lassen, dann das Mehl hineinarbeiten. Aus der Masse zuerst Knödel formen, dann flachdrücken, in heißem Öl von beiden Seiten anbraten und direkt aus der Pfanne ins kochende Salzwasser geben. 8 Minuten leicht sieden.
Entweder in einer guten Fleischsuppe oder mit Rüben- oder Sauerkraut oder Salat servieren.

◁ Tirtlen

Schwarzplenten-Mus mit Holersulze

1 Tasse Wasser
1 l Milch
150 g Schwarzplentenmehl
1 Eßl. Weizenmehl
Salz
Butter zum Abschmelzen

Eine Eisenpfanne auf den Herd stellen, mit Fett ausschmieren. Das Wasser darin aufkochen, Milch zugeben, salzen und nochmals aufkochen. Das miteinander vermischte Mehl langsam unter ständigem Rühren mit dem Schneebesen zugeben. 15 Minuten immer weiterrühren, dann die Hitze reduzieren und das Mus noch ca. 20 Minuten dämpfen lassen. Mit brauner Butter abschmelzen. Etwas abkühlen lassen. Dazu schmeckt am besten Holersulze, die getrennt zum Mus gereicht wird.

Holersulze

6 kg vollreife Holunderbeeren

Holunderbeeren von den Stengeln streifen, in einen Leinensack geben und gut ausdrücken (einfacher läßt sich der Saft mit einem Entsaftungsgerät gewinnen), bis ca. 6 Liter Saft gewonnen sind. (Von dieser Menge bleiben ca. 2 Liter Sirup übrig.) Saft in einen großen Topf geben — der Saft braucht viel Platz — und auf kleinstem Feuer sechs bis acht Stunden köcheln lassen, bis es ein dickflüssiger Sirup geworden ist. Aufpassen, damit er nicht anbrennt! Heiß in Gläser abfüllen, gut verschließen.

Anmerkung: Holundersirup ist ein hervorragendes Hausmittel gegen Halsschmerzen. Hierfür wird ein bißchen Sirup mit einem kleinen Stückchen Butter leicht angewärmt und verabreicht.

Vinschger Fiselensuppe

1 Tasse getrocknete bunte Bohnen
1/2 Tasse getrocknete Kastanien
1 1/2—2 l Wasser, Salz, Zucker, Zimtrinde
1 Eßl. Mehl, 1 Eßl. Butter
Butter zum Abschmelzen

Bohnen und geputzte Kastanien am Vortag getrennt einweichen.
Das Einweichwasser der Bohnen wegschütten. Die Bohnen mit kaltem Wasser zum Kochen bringen und etwa 1 1/2 Stunden kochen lassen. Die abgetropften und nochmals durchgeputzten Kastanien mit einer Zimtrinde zu den Bohnen geben und eine weitere Stunde kochen lassen. Leicht salzen und je nach Geschmack etwas Zucker zufügen. Butter schmelzen lassen, Mehl hineinsieben und unter Rühren eine helle Farbe annehmen lassen, dann in die kochende Suppe rühren. Noch einmal aufkochen lassen.
Vor dem Servieren mit Butter abschmelzen.

Erdäpfel-Riebler (Kartoffelschmarrn)

750 g Kartoffeln
2 Eidotter
Salz, Mehl
Butter

Die Kartoffeln mit der Schale kochen, schälen und passieren. Erkalten lassen, dann mit den Eidottern und Salz vermischen. Mit einer Gabel gut durchrühren und dabei so viel Mehl zugeben, bis kleine „Pfurfeln" (Flöckchen) entstehen. In einer Pfanne Butter erhitzen und die Kartoffelflöckchen darin unter fleißigem Rühren, Umdrehen und Zerpflücken schön braun braten.
Dazu werden gerne Preiselbeeren gegessen.

Schwarzplenten-Mus mit Holersulze ▷

Gekochtes Rindfleisch

800 g Rindfleisch (Tafelspitz)
Salz
2 Karotten, 1/2 Lauchstange
1/4 Sellerieknolle
1 Petersilwurzel
Pfefferkörner

Wasser in einem Topf mit Salz, Pfefferkörnern und dem grobgeschnittenen Wurzelgemüse zum Sieden bringen, das Rindfleisch hineingeben und zugedeckt sieden, bis es weich ist (ca. 1 1/2 Stunden).
Das Rindfleisch in Scheiben schneiden, mit etwas Kochbrühe begießen und mit frisch geraspeltem Kren und Salzkartoffeln servieren.
Auf die gleiche Art und Weise wird Beinfleisch zubereitet. Hierfür wird 1 kg schönes Ochsenbeinfleisch mit einigen Markknochen und Wurzelgemüse in Salzwasser gekocht und mit Rahmkren und Röstkartoffeln serviert.

Anmerkung: Für Rindfleisch sauer wird das gekochte Rindfleisch in Scheiben geschnitten und mit Essig, Öl und in Ringe geschnittenen Zwiebeln sauer angerichtet.

Rindsgulasch

800 g Rindfleisch (Wadenschinken)
650 g Zwiebeln
4 Eßl. Schweinefett
Ca. 1/8 l Rotwein
1 Eßl. Essig
2 Eßl. Rosenpaprika
Ca. 1/4 l Wasser
1 Lorbeerblatt, 1 Teel. Kümmel 1/2 Teel. Majoran
2 Knoblauchzehen
Zitronenschale
1 Spritzer Zitronensaft, 1 Eßl. weiche Butter
Salz, Pfeffer

Das Schweinefett in einem schweren Topf erhitzen, die in Ringe geschnittenen Zwiebeln zufügen und goldgelb rösten. Das Rindfleisch in große Würfel schneiden. Die Zwiebeln an die Seite des Topfes schieben und das Fleisch im verbleibenden Fett kräftig anbraten, dann mit den Zwiebeln mischen, weiterbraten, bis sich am Topfboden eine braune Kruste bildet. Mit Rotwein und Essig löschen, einkochen lassen, salzen. Mit Paprika bestäuben, mit etwas Wasser aufgießen und 1—1 1/2 Stunden möglichst im eigenen Saft schmoren (falls nötig, noch etwas Wasser zugeben). Die Gewürze mit der weichen Butter sehr klein hacken und mit dem Zitronensaft unter das Gulasch rühren. Nur noch kurz ziehen lassen.
Mit Polenta servieren.

Bauernbratl mit Erdäpfel

Etwa 1,2 kg Schweinefleisch (1/2 Rippen, 1/2 Schulter)
1 kg Kartoffeln
3—4 Eßl. Öl
Salz, Pfeffer
Knoblauch, Kümmel

Das Fleisch in große Stücke teilen und mit Salz, Pfeffer, zerquetschtem Knoblauch und Kümmel einreiben. In einer Bratpfanne das Öl heiß werden lassen, die Fleischstücke einlegen, anbraten, mit etwas Wasser aufgießen und dünsten. Nach einer halben Stunde geschälte und geviertelte Kartoffeln dazugeben, leicht nachsalzen und das Ganze fertigdünsten (insgesamt ca. 3/4—1 Stunde). Falls nötig, noch Wasser dazugeben. Vor dem Anrichten nochmals mit Kümmel bestreuen. Das Schweinsbratl wird am besten in der Bratpfanne zu Tisch gebracht.
Dazu serviert man Krautsalat mit Speck.

◁ Rindsgulasch

Fleisch und Innereien

Herrengröstl

1 kg festkochende Kartoffeln
1 Zwiebel
30 g Schweinefett, 70 g Butter
3 Eßl. Öl
400 g Kalbsschnitzelfleisch
1 Lorbeerblatt, Majoran
Salz, Pfeffer
Petersilie

Kartoffeln waschen und in Salzwasser nicht zu weich kochen. Noch heiß schälen, auskühlen lassen, dann in Scheiben schneiden. Eine große Eisenpfanne erhitzen, Schweinefett hineingeben, dann die kleingehackte Zwiebel darin kurz anbraten. Die Kartoffelscheiben zufügen und braten, bis sie eine schöne Farbe bekommen haben, dann sofort die Hitze herunterschalten und nach und nach 40 g der Butter zugeben. In einer zweiten Pfanne Öl und die restliche Butter erhitzen, das in Scheiben geschnittene Fleisch zugeben, schnell und kräftig rösten. Salzen. Fleisch mit den Kartoffeln mischen, kleingehackte Gewürze zufügen, nochmals mit Salz und Pfeffer abschmecken. Mit gehackter Petersilie bestreut servieren.
Dazu paßt sehr gut Krautsalat mit Speck.

Bauerngröstl

800 g festkochende Kartoffeln
1 Zwiebel
3 Eßl. Öl
500 g gekochtes Rindfleisch
Salz, Pfeffer, Majoran
1 Lorbeerblatt
30 g Butter
Fleischsuppe

Die Kartoffeln mit der Schale kochen, noch heiß schälen, auskühlen lassen, dann in Scheiben schneiden. Öl erhitzen, die kleingehackte Zwiebel darin anbraten. Das gekochte Rindfleisch blättrig schneiden, in die Pfanne geben, umrühren, salzen und pfeffern. Majoran, Lorbeerblatt und die Kartoffeln zufügen, alles gut durchrösten, Butter dazugeben. Mit wenig Fleischsuppe angießen, durchschwenken, anrichten.
Mit Krautsalat servieren.

Bauernschmaus

(für 6 Personen)

800 g Selchkarree
1 kleine Pökelzunge
3 kleine Leberwürste
3 kleine Blutwürste
2 Hauswürste
Zutaten für Sauerkraut und Fastenknödel siehe S. 61 u. S. 13

Wasser aufkochen, das Selchkarree und die Pökelzunge einlegen und langsam weichkochen lassen. Nach 3/4 bis 1 Stunde das Selchkarree herausnehmen. Die Zunge weiterkochen, bis sich die Haut ablösen läßt. Währenddessen das Sauerkraut und die Fastenknödel zubereiten. Das Sauerkraut wird in diesem Fall mit zwei rohen Kartoffeln, die hineingerieben werden, gebunden. In einem kleineren Topf Wasser erhitzen, die Würste hineingeben und darin 10 Minuten ziehen lassen. (Wenn bei der Blutwurst Wasser kommt, wenn man hineinsticht, ist sie gar.) In einer irdenen Schüssel das Kraut verteilen, die Blut- und Leberwürste daraufgeben, die Hauswürste in Stücke, Selchkarree und Pökelzunge in Scheiben schneiden und mit den Fastenknödeln auf dem Kraut anrichten.

Herrengröstl ▷

Fleisch und Innereien

Kalbsnierenbraten

(für 6 Personen)

1,5 kg Kalbsnierenbraten
Salz, Pfeffer
100 g Fett
1 Karotte, 1 Zwiebel, 1/4 Sellerieknolle
Fleischsuppe
1/16 l Weißwein

Vom Fleischstück Knochen und Niere lösen, das Fleisch salzen und pfeffern, die halbierte Niere darauf verteilen, Fleischstück eng zusammenrollen und mit einer starken Schnur zusammenbinden. Im heißen Fett mit dem Wurzelgemüse und den Knochen rundherum gut anbraten, ins vorgeheizte Rohr schieben. Mit dem eigenen Saft und — falls nötig — mit Fleischsuppe fleißig begießen und in 1 1/2—2 Stunden fertig garen. Den Braten herausnehmen, das Fett abschöpfen, den Bratfond mit 1/16 l Fleischsuppe und dem Weißwein loskochen, gut durchkochen, abschmecken, zum Schluß ein nußgroßes Stück Butter hineinschlagen. Zum Kalbsnierenbraten passen gut Reis und Gemüse (Karotten, Erbsen).

Rahmgulasch

800 g Kalbfleisch (Schulter)
Salz, Pfeffer
50 g Butter
1 Zwiebel
1 Gewürzsträußchen (Petersilstengel, Thymianzweiglein, Lorbeerblatt)
Zitronenschale
1 Teel. Mehl
Fleischsuppe (oder Wasser)
1/8 l Rahm

Das Fleisch in Würfel schneiden und mit Salz und Pfeffer würzen. Die Zwiebel kleinschneiden und in Butter hell anrösten. Das Fleisch dazugeben und zugedeckt auf kleinem Feuer unter öfterem Umrühren 15—20 Minuten dünsten. Mit Mehl bestäuben, gut durchmischen und das Ganze etwas Geschmack nehmen lassen. Mit leicht gesalzener Fleischsuppe auffüllen, bis das Fleisch eben bedeckt ist, das Gewürzsträußchen und ein kleines Stückchen Zitronenschale hinzufügen, unter Rühren zum Kochen bringen. Zudecken und bei milder Hitze im Ofen oder auf dem Herd 3/4—1 Stunde leise köcheln lassen (es ist wichtig, daß das Fleisch keine Minute länger als nötig kocht!). Zum Schluß möglichst dicken Rahm unterrühren. Dazu passen gut Spatzlen, Hausnudeln oder Reis.

Kapuzinerfleisch

4 Scheiben rohen Kalbsnierenbraten
4 Nierenscheiben
Salz, Pfeffer
4 Eßl. Öl
3/8 l Weißwein
300 g grüne Bohnen
8 dünne Scheiben Bauchspeck
1 Knoblauchzehe
Basilikumblätter

Auf den Fleischscheiben je eine gesäuberte Nierenscheibe mit Zahnstochern befestigen, salzen, pfeffern, in heißem Öl schnell anbraten. Die Bratenscheiben in eine Kasserolle geben, Weißwein zugießen, Bohnen, gehackten Knoblauch, 4 Scheiben Bauchspeck zugeben, salzen, pfeffern und langsam dünsten lassen. Am Ende der Garzeit einige Basilikumblätter unterrühren. Die restlichen vier Speckscheiben knusprig braten und auf das angerichtete Fleisch legen.

Kapuzinerfleisch ▷

Fleisch und Innereien

Rindsbraten St. Magdalena

1 kg Rindfleisch (Spitzdeckel)
100 g weißen Speck
50 g Fett
1 Karotte, 1 Zwiebel, 1 Tomate
1 Selleriestengel
Salz, Pfeffer
Ca. 1/4 l St.-Magdalena-Wein
1/8 l Fleischsuppe
1 Kräutersträußchen mit Petersilie, Liebstöckl, Salbei
1 Lorbeerblatt, 1 Knoblauchzehe

Das Rindfleisch mit den Speckstreifen und mit Hilfe einer Spicknadel spicken, im erhitzten Fett rundherum anbraten, das kleingeschnittene Gemüse drangeben, mitrösten. Alles mit Salz und Pfeffer würzen, den Rotwein angießen, das Kräutersträußchen, Lorbeerblatt und Knoblauchzehe zufügen und zugedeckt 1—1 1/2 Stunden im Rohr schmoren lassen. Zwischendurch etwas Fleischsuppe angießen. Wenn der Braten gar ist, herausnehmen, warm stellen. Die Soße etwas einkochen lassen, dann passieren, abschmekken und zum Fleisch reichen. Dazu passen gut Kartoffelnudel oder Spatzlen.

Anmerkung: Man kann den Rindsbraten auch mit Karotten, Essiggurken und Speckstreifen spicken.

Kalbshirn mit Ei

400 g Kalbshirn
1 Eßl. feingehackte Zwiebel
50 g Butter
1/2 Eßl. gehackte Petersilie
2 Eier
Salz, Pfeffer

Das Kalbshirn 1/2 Stunde wässern, dann enthäuten und kleinhacken. Zwiebel in Butter goldgelb werden lassen, Hirn und Petersilie dazugeben, unter Rühren gut durchrösten. Eier versprudeln, zum Hirn gießen, mit einer Gabel alles verrühren, Eier stocken lassen, salzen, pfeffern. Dazu Röstkartoffeln oder Gemüse servieren.

Reisfleisch

1 Zwiebel
3—4 Eßl. Öl
400 g Kalb- oder Schweinefleisch
Salz, Paprika
400 g Reis
Fleischsuppe
Parmesankäse, Butter

Die Zwiebel kleinhacken und im Öl anschwitzen. Das Fleisch in kleinere Würfel schneiden, dazugeben, salzen, gut rösten lassen. Mit etwas Wasser aufgießen, nach Geschmack mit Paprika würzen und 30—40 Minuten dünsten. Den Reis beifügen, mit kochender Suppe (oder Wasser) auffüllen und unter öfterem Umrühren und Nachgießen der notwendigen Flüssigkeit 17—19 Minuten kochen. Mit Parmesankäse und einem Stückchen Butter verfeinern.

Kalbfleisch mit Gemüse

200 g Wurzelwerk (Karotte, Sellerie, Petersilwurzel)
1 Zwiebel, 3 Eßl. Öl
800 g Kalbfleisch (Brust und Schulter)
Salz
1 Teel. Mehl
Fleischsuppe
300 g Broccoli (oder Blumenkohl)
100 g Erbsen
100 g Champignons
1 Teel. Zitronensaft

Das kleingewürfelte Wurzelgemüse und die feingehackte Zwiebel in Öl anrösten. Das Fleisch in Würfel schneiden und dazugeben. Salzen, Zitronensaft hinzufügen, mit Mehl bestäuben, mit Fleischsuppe aufgießen und weichdünsten (3/4—1 Stunde).
In der Zwischenzeit das Gemüse getrennt gar kochen. Alles vorsichtig zusammenmischen und auftragen.

◁ Rindsbraten St. Magdalena

Gefüllte Kalbsbrust

(für 8 Personen)

2 kg Kalbsbrust (möglichst von einem kleinen Kalb), ausgelöst (sich die Rippen mitgeben lassen)
4 Semmeln
1 Tasse Milch
1 Bund Petersilie
50 g Butter, 2 Eier
Pfeffer, Salz, Muskatnuß
Öl
1 Zwiebel, Fleischsuppe
1 nußgroßes Stück Butter

Die Kalbsbrust zwischen Fleisch- und Fettschicht einschneiden und mit der Hand die Tasche weiter öffnen. Die Semmeln entrinden, grob schneiden, die Milch darübergießen, weichen lassen. Die Butter schaumig rühren, mit den Eiern, den ausgedrückten Semmeln und der kleingehackten Petersilie vermischen, mit Salz, Pfeffer, Muskatnuß würzig abschmecken. Die Tasche mit dieser Masse füllen und das Ende zunähen. Kalbsbrust mit Salz und Pfeffer würzen. In einer Kasserolle Öl erhitzen, die Rippen von der Kalbsbrust zusammen mit einer halbierten Zwiebel anrösten. Knochen zur Seite schieben und die Kalbsbrust rundherum gut anbraten. Dann im vorgeheizten Rohr in ca. 1 1/2 Stunden knusprig braten. Zwischendurch immer wieder mit heißer Suppe oder der Bratflüssigkeit begießen. Kurz vor Ende der Garzeit ein Stückchen Butter in die Kasserolle geben. (Die letzte halbe Stunde empfiehlt es sich, die Kalbsbrust mit Alufolie abzudecken, damit die obere Schicht nicht hart wird.) Wenn die Kalbsbrust gar ist, herausnehmen und etwas rasten lassen. Die Bratflüssigkeit abseihen, etwas einkochen lassen, dann ein nußgroßes Stück Butter hineinrühren.
Die Soße getrennt zur Kalbsbrust servieren.

Zwiebelrostbraten

4 Rostbratenscheiben (aus dem Roastbeef)
Salz, Pfeffer
3 Eßl. Öl
2 Zwiebeln
1 Eßl. Butter
1/16 l Fleischsuppe

Die Fleischscheiben leicht klopfen, salzen, pfeffern, im erhitzten Öl rasch auf beiden Seiten anbraten, herausnehmen und warm stellen. Butter zum verbliebenen Öl in die Pfanne geben, die in feine Ringe geschnittenen Zwiebeln darin goldgelb rösten, wenig Fleischsuppe angießen, durchschwenken, salzen und über das angerichtete Fleisch geben.

Ochsenschwanzgulasch

1,2 kg Ochsenschwanz
Salz, Pfeffer, Paprika
4 Eßl. Öl, Mehl
1/2 Karotte, 1/2 Lauchstange, 2 Zwiebeln
1/4 l Rotwein
1 Kräuterbündel (Rosmarin, Salbei, Thymian, Lorbeer)
1 Knoblauchzehe
1 gestrichener Eßl. Tomatenmark
Etwa 1 l Fleischsuppe
1 Schuß Madeira
1 nußgroßes Stück Butter

Den Ochsenschwanz in 3 cm dicke Stücke teilen lassen. Mit Salz, Pfeffer und Paprika würzen und leicht in Mehl wenden. In heißem Öl rundherum kräftig anbraten, dann das übrige Öl abschütten, das kleingeschnittene Wurzelgemüse kurz mitrösten. Mit dem Rotwein löschen. Das Kräuterbündel, Knoblauch und Tomatenmark beifügen, mit etwas Fleischsuppe auffüllen. Zugedeckt in etwa 2 Stunden weichdünsten. Nach und nach die restliche Suppe dazugießen. Wenn das Fleisch gar ist, herausnehmen, die Soße entfetten, passieren und mit Madeira und Butter verfeinern.
Die Soße über die angerichteten Fleischstücke gießen und sehr heiß zu Tisch bringen.

◁ Bauernbratl mit Erdäpfel

Fleisch und Innereien

Leber mit Speck

600 g Kalbsleber
100 g Speck
2 Zwiebeln
30 g Butter
3 Eßl. Öl
1/8 l Weißwein
1/8 l Fleischsuppe
Salz, Pfeffer, Majoran

Die Leber sorgfältig enthäuten, von Sehnen und Röhren befreien, in dünne Scheiben schneiden und mit Mehl bestäuben. Speck in Streifen, Zwiebeln in dünne Ringe schneiden. Butter erhitzen und darin die Zwiebeln ca. 8 Minuten unter häufigem Umrühren dünsten. In einer anderen Pfanne das Öl erhitzen, Speck und Leber zugeben und 2—3 Minuten rundherum schön anbraten. Herausnehmen, den Bratensatz mit Weißwein und Fleischsuppe loskochen, auf die Hälfte einreduzieren. Leber, Speck und Zwiebeln zugeben, würzen, kurz darin ziehen lassen.
Dazu paßt gut Kartoffelpüree.

Kalbsbeuschel

600 g Kalbslunge
400 g Kalbsherz
1 Karotte, 1/2 Petersilienwurzel
1/4 Sellerieknolle
1 Zwiebel, 2 Nelken, 1 Lorbeerblatt
6 Pfefferkörner, 2 Pimentkörner
2 Wacholderbeeren
1 Glas Essig (ca. 1/8 l)
70 g Butter, 70 g Mehl, 1 Zwiebel
1 Zweig Thymian, Petersilie
Saft von 1 Zitrone, Salz
Ev. 1/8 l Rahm

Die Zwiebel mit den Nelken und dem Lorbeerblatt spicken. Das Herz und die Lunge in Salzwasser mit dem Wurzelwerk, der gespickten Zwiebel, Gewürzkörnern und Essig weich kochen. Erkalten lassen, dann in feine Streifen schneiden (den Sud aufheben!). Fett auf kleinem Feuer erhitzen, kleingehackte Zwiebel zufügen, Mehl hineinrühren und so lange rühren, bis die Einbrenne eine schöne braune Farbe hat. Mit dem geseihten Beuschelsud aufgießen, Beuschel, Herz und Thymian zugeben, aufkochen lassen, salzen.
Zitronensaft und gehackte Petersilie darunterrühren.
Mit 1/8 l Rahm kann man das Beuschel noch verfeinern.
Dazu serviert man Semmelknödel.

Kalbsniere sauer

400 g Kalbsnieren
4 Eßl. Öl
1 Zwiebel
1/2 Teel. Mehl
1 Schuß Essig
1/8 l Fleischsuppe
1/16 l Rahm (ca. 1/2 Glas)
Salz, Pfeffer

Die Nieren wässern, dann entfetten, enthäuten, der Länge nach durchschneiden, von den Harnsträngen befreien. Zwiebel kleinhacken, in Öl anbraten, die blättrig geschnittenen Nieren zugeben und gut durchrösten. Mit wenig Mehl bestäuben, zuerst Essig, dann Fleischsuppe angießen, etwas verdunsten lassen, salzen pfeffern. Mit Rahm verfeinern, dann sofort servieren.

Leber mit Speck ▷

Fleisch und Innereien

Schöpseneintopf

500 g Schöpsenfleisch (Schulter)
4 Eßl. Öl
1 Zwiebel
Salz, Pfeffer
Fleischsuppe
1/2 Wirsingkopf
3—4 Karotten
500 g Kartoffeln
Petersilie, Sellerieblätter
1 nußgroßes Stück Butter

Das Fleisch in große Würfel schneiden. Zwiebel vierteln, in Öl anbraten, dann das Fleisch rundherum schön anbraten, salzen, pfeffern, mit Fleischsuppe aufgießen (bis das Fleisch knapp bedeckt ist) und ca. ½ Stunde schmoren lassen. In der Zwischenzeit den Wirsing grobnudelig, die Karotten in Scheiben, die Kartoffeln in Würfel schneiden, alles zum Fleisch geben, Petersilie und Sellerieblätter darüberstreuen, falls nötig, salzen und zugedeckt weiterdünsten, bis alles gar ist. Zum Schluß ein nußgroßes Stück Butter in den Eintopf geben.

Bauernschöpsernes

1 kg Schöpsenschulter (Hammel)
1/2 Tasse Öl
2 Zweibeln
je ein kleiner Zweig Rosmarin, Salbei, Lorbeer
2 Knoblauchzehen
1/8 l Rotwein
600 g Kartoffeln
Salz, Pfeffer

Das Fleisch in große Stücke schneiden und in heißem Öl mit den geviertelten Zwiebeln und Knoblauch anbraten. Salzen und pfeffern. Den Rotwein angießen, die Kräuter zufügen und zugedeckt ca. 1 Stunde schmoren lassen. 1/2 Stunde vor Ende der Garzeit die Kartoffeln schälen, in dicke Scheiben schneiden, in den Topf geben und zu Ende garen. Falls notwendig, noch einmal würzen.

Kitzbraten

1 kleines Kitz (oder ersatzweise ein kleines Milchlamm)
1 Rosmarinzweig
2 Knoblauchzehen
60 g Schweineschmalz
600 g kleine, junge Kartoffeln
Gehackte Rosmarinnadeln
1 Tasse Olivenöl
Salz, Pfeffer

Das Kitz der Länge nach aufschneiden, gut säubern, salzen und pfeffern, mit Rosmarin und Knoblauchzehen bestecken und ausgestreckt, mit der Innenseite nach unten, in eine Kasserolle geben. Mit Schweineschmalz bestreichen. Die Kartoffeln schälen, an den Rand der Kasserolle geben, salzen, mit den gehackten Rosmarinnadeln bestreuen und mit Olivenöl begießen.
Im gut vorgeheizten Ofen bei 220 Grad in ca. 1 Stunde knusprig braten. Die Kartoffeln ab und zu umdrehen und mit Fett begießen.

Bauernschmaus ▷

Gamsschlegel mit Wacholdersoße

(für 8—10 Personen)

Ein Rezept von Erich Sander

1 Gamsschlegel
Salz, Pfeffer, Ingwer
30 g Trockenpilze (3 Stunden einweichen)
12 Wacholderbeeren
4 Eßl. Öl
Wurzelgemüse (1 Karotte, 1/4 Sellerie, 1 Zwiebel)
1 Stamperl Wacholderschnaps
0,3 l Rahm

Den Gamsschlegel von Sehnen und Häuten befreien und die Knochen auslösen. Mit Salz, Pfeffer, Ingwer rundherum einreiben. Innen die Pilze und 4 zerquetschte Wacholderbeeren verteilen, einrollen und binden. Den Gamsschlegel mit den zerhackten Knochen in einer Kasserolle mit Öl anbraten, ins vorgeheizte Rohr (200 Grad) geben und braten lassen. Nach der halben Garzeit das grobwürflig geschnittene Wurzelgemüse dazugeben. Wenn der Braten gar ist (nach etwa 2—2 1/2 Stunden), in eine Alufolie wickeln. Die Soße passieren, entfetten. Schnaps, den restlichen zerquetschten Wacholder und Rahm zufügen und etwas einkochen lassen. Abschmecken.

Rehschnitzel mit Steinpilzen

300 g Steinpilze, 40 g Butter
4 Rehschnitzel à 150 g
50 g weißen Speck zum Spicken
Salz, Pfeffer
Mehl
4 Eßl. Öl
1/8 l Rotwein
1/8 l Rahm
2 Eßl. Petersilie, gehackt

Steinpilze putzen, in Scheiben schneiden, in Butter braten, warm stellen. Speck leicht anfrieren, in bleistiftdicke Streifen schneiden. Schnitzel leicht klopfen, mit den Speckstreifen spicken, leicht salzen und pfeffern, in Mehl wenden, in Öl rosig braten. Rehschnitzel herausnehmen, warm stellen, den Bratfond mit Rotwein und Rahm ablöschen und loskochen, würzen.
Auf einer Platte die Steinpilze verteilen, mit Petersilie bestreuen, die Schnitzel darauflegen und die Soße darüberpassieren.

Hirschmedaillons

600 g gut abgehangenes Hirschfleisch (von der großen oder kleinen Nuß)
Weißer Speck zum Spicken
Salz, Pfeffer
Mehl
3—4 Eßl. Öl
1 Gläschen Weinbrand
1 nußgroßes Stück Butter

Das Fleisch in 60—70 g schwere Stücke schneiden, leicht klopfen und mit Hilfe der Spicknadel sternförmig spicken. Mit Salz und Pfeffer würzen, leicht mit Mehl bestäuben. In einer flachen Pfanne das Öl heiß werden lassen. Die Medaillons einlegen und auf beiden Seiten schön braun braten (innen sollten sie aber noch rosa sein!). Das Fleisch warmstellen. Übriges Öl abschütten, mit Weinbrand löschen. Den ausgetretenen Saft der Medaillons in die Pfanne gießen, etwas Fleischextrakt beifügen, kurz aufkochen. Die Butter hineinschlagen. Das Fleisch auf einer vorgewärmten Platte anrichten, die Soße darübergießen.
Als Beilage eignen sich Steinpilze, Perlzwiebeln oder Birnenhälften mit Preiselbeeren gefüllt.

◁ Schöpseneintopf

Rehragout

(für 6 Personen)

1 1/2 kg Rehfleisch (Schulter oder Hals, ohne Knochen)
1/2 Zwiebel, 1/2 Karotte
Je 1 Stück Sellerie und Lauch
2 Gewürznelken
1 Sträußchen Thymian
Pfefferkörner, zerdrückte Wacholderbeeren
1/4 l Rotwein
1/16 l Essig, Öl
1 Eßl. Mehl
Fleischsuppe, Salz

Das Fleisch in Würfel schneiden und mit dem kleingeschnittenen Gemüse und den Gewürzen in eine Schüssel geben. Wein und Essig dazugießen und etwas Öl darüberschütten. Leicht beschweren und an einem kühlen Ort 24 Stunden marinieren. Das Fleisch aus der Marinade nehmen, gut abtropfen lassen, bei starker Hitze mit etwas Öl anbraten, mit Mehl bestauben. Das Gemüse aus der Marinade dazugeben, kurz mitrösten, dann mit etwas Suppe und der Marinade aufgießen, salzen und weichdünsten. Die Fleischstücke herausnehmen, die Soße passieren, das Fleisch wieder dazugeben und abschmecken.

Rehrücken

(für 6 Personen)

1 Rehrücken (ca. 1,2 kg)
150 g weißen Speck
Salz, Pfeffer
Olivenöl
Wurzelgemüse (1 Karotte, 1/4 Sellerie, 1 Zwiebel, 1 Petersilwurzel)
Etwa 1/8 l Rotwein
3 Wacholderbeeren
Pfeffer, frisch gemahlen
1 Teel. Zitronensaft
2/10 l Rahm

Den Rehrücken sorgfältig von Häuten und Sehnen befreien, mit kurzen Speckstreifen spicken, salzen und pfeffern und in Olivenöl anbraten. Das kleingeschnittene Wurzelgemüse neben den Rehrücken geben, kurz mitrösten, dann die Kasserolle ins gut heiße Rohr schieben und den Rehrücken unter fleißigem Begießen höchstens 20 Minuten braten (das Fleisch muß an den Knochen noch rosa sein!), herausnehmen, in Alufolie wickeln und warm stellen. Den Bratfond samt Gemüse mit Rotwein löschen, zerdrückte Wacholderbeeren, Pfeffer, Zitronensaft und Rahm dazugeben, einkochen lassen. Die Soße passieren, abschmecken. Vom Rehrücken die Filets ablösen, in Scheiben schneiden, wieder auf dem Rückgrat zusammensetzen und mit etwas Soße beträufeln. Die restliche Soße getrennt dazu servieren. Dazu passen gut: weiße, geschälte, in Butter gebratene Trauben und Apfelspalten, in Butter und Zucker karamelisierte, gekochte Kastanien und Steinpilzknödel.

Rehrücken ▷

Gans, gebraten

(für 6 Personen)

1 junge Gans
Salz, Majoran
Einige Äpfel zum Füllen
Fleischsuppe

Die Gans putzen, die Kiele entfernen, abflämmen, waschen und trocknen. Mit Salz, innen auch mit Majoran, einreiben, mit den ausgestochenen, ungeschälten Äpfeln füllen und zubinden. Die Gans mit der Brust nach unten mit wenig Wasser in eine passende Kasserolle setzen und in den sehr heißen Ofen stellen. Nach 15 Minuten die Hitze auf 150° reduzieren und etwa 1 1/2 Stunden unter öfterem Begießen mit dem Bratfett braten, dann die Gans umdrehen und weitere 1 1/2 Stunden (je nach Größe) langsam goldbraun braten. Herausnehmen und warmstellen. Das Fett abschöpfen. Den Bratensatz mit wenig Fleischsuppe lösen, gut durchkochen, mit Salz, Pfeffer und wenig Majoran würzen und passieren. Getrennt zur Gans reichen. Als Beilage eignen sich gedünstete Kastanien, Blaukraut und Reis.
Anmerkung: Zum Anbraten für das Kraut nimmt man einige Löffel Bratfett von der Gans.

Fasan, gebraten

1 jungen Fasan
Große, weiße Speckscheiben
Salz, frisch gemahlener Pfeffer
3 Eßl. Öl, zerlassene Butter
200 g Wurzelgemüse (Karotte, Lauch, Sellerie)

Den jungen, 3—4 Tage abgehangenen Fasan rupfen, über einer Gasflamme abflämmen, ausnehmen (wenn möglich, die Sehnen aus den Keulen entfernen). Füße, Flügel und Hals abtrennen. Den Fasan innen und außen mit einem Tuch abreiben, mit Salz und Pfeffer würzen. Nach diesen Vorbereitungen den Fasan binden, mit Speckscheiben umwikkeln, mit dem Öl in eine Kasserolle geben und mit reichlich zerlassener Butter übergießen. In das gut vorgeheizte Rohr schieben. Den Vogel immer nur auf die Seite legen, zwischendurch umwenden, aber die Brust darf nie nach oben gerichtet sein! Nach der halben Bratzeit (etwa 15 Minuten) das kleingeschnittene Wurzelgemüse zufügen und den Fasan unter öfterem Begießen fertigbraten. 5 Minuten vor Ende der Bratzeit die Speckscheiben entfernen und die Brust goldbraun werden lassen. Dabei gut begießen. Im abgeschalteten Ofen bei geöffneter Tür noch etwas ruhen lassen. Den Fasan tranchieren, den Speck in Streifen schneiden und über das Fleisch legen. Die Soße passieren und darübergießen. Als Beilage paßt gut Polenta und Sprossenkohl.

Forelle in der Folie

4 kleinere Bachforellen
100 g weiche Butter
1 Tasse verschiedene gehackte Kräuter
Salz

Forellen ausnehmen und leicht waschen. Butter und Kräuter vermischen, salzen. Die Forellen innen und außen mit der Kräuterbutter bestreichen, jede einzeln in Alufolie einwickeln (aber so, daß rundherum etwas Luft bleibt) und im Ofen gardünsten. Die Forellen in der Folie servieren.
Dazu braune Butter und Salzkartoffeln reichen.

Forelle blau

4 mittlere Bachforellen
10 Pfefferkörner
2 Lorbeerblätter
Suppengrünzeug (1/2 Karotte, 1/4 Sellerie, 1 Stück Lauch)
1 Spritzer Essig
Zitronensaft von 1/2 Zitrone

Die Forellen ausnehmen und leicht waschen, ohne den Schleim abzustreifen. Wasser in einen flachen Topf geben und mit Salz, Pfefferkörnern, Lorbeerblättern, Suppengrün, Essig und Zitronensaft aufkochen. Forellen hineinlegen und acht Minuten darin ziehen lassen (nicht kochen!). Mit zerlassener Butter oder selbstgemachter Majonnaise und Salzkartoffeln servieren.

Majonnaise: 2 Eidotter, Saft 1/2 Zitrone, 1/2 Teel. Senf und Salz vermischen, dann 1/4 l Öl tropfenweise mit dem Schneebesen einrühren, bis das Öl verbraucht und die Majonnaise schön cremig ist.

Forelle, gebraten

4 Forellen
Salz, Pfeffer
Zitronensaft
Mehl
120 g Butter
1 Zitrone, Petersilie
60 g Butter

Die Forellen ausnehmen, waschen, innen und außen leicht salzen und pfeffern, mit Zitronensaft beträufeln, in Mehl wenden und in heißer Butter langsam schön braun braten. Mit Zitronenschnitze und Petersilie garnieren und kurz vor dem Servieren die zerlassene, gelbe Butter über die Fische gießen.

Stockfischgröstl

500 g Stockfisch
800 g festkochende Kartoffeln
50 g Butter
1 Zwiebel, 1 Knoblauchzehe
Salz, Pfeffer
1/16 l Rahm (ca. 1/2 Glas)
Petersilie

Den Stockfisch über Nacht gut wässern, am darauffolgenden Tag so lange kochen, bis sich das Fischfleisch leicht von den Gräten lösen läßt. Kartoffeln mit der Schale kochen, noch heiß schälen, auskühlen lassen. Stockfisch abseihen, Haut und Gräten entfernen, mit den Händen in mundgerechte Stücke teilen. Kleingehackte Zwiebel und Knoblauchzehe in Butter goldgelb braten, den Fisch und die in Scheiben geschnittenen Kartoffeln zugeben, salzen, pfeffern und alles gut abrösten. Den Rahm angießen, durchschwenken und mit gehackter Petersilie bestreut servieren.

Kartoffelkroketten

800 g Kartoffeln, Salz
1 Eßl. Butter
3 Eigelbe
1/10 l Rahm
Mehl, 40 g Butter

Kartoffeln schälen, waschen, in Salzwasser gar kochen und pürieren. Auf dem Herd mit der Butter trockenrühren, dann den Rahm und die Eigelbe untermischen, würzen, etwas auskühlen lassen. Etwa 1 1/2 cm dicke Kroketten formen, in Mehl wälzen und in Butter rundherum schön braten.
Die Kroketten können auch paniert und in Fett schwimmend ausgebakken werden.

Röstkartoffeln

1 kg festkochende Kartoffeln, Salz
40 g Schweineschmalz
Butter, Petersilie

Kartoffeln waschen und in Salzwasser nicht zu weich kochen, noch heiß schälen, auskühlen lassen. Kartoffeln in Scheiben schneiden und im erhitzten Schweineschmalz kräftig anbraten. Die Hitze reduzieren, die Kartoffeln weiterbraten, salzen und zwischendurch immer wieder etwas Butter in die Pfanne geben. Mit gehackter Petersilie bestreuen.

Kartoffelpüree

1 kg mehlige Kartoffeln, Salz
30—50 g Butter
Muskatnuß
1/8—1/4 l heiße Milch

Die Kartoffeln schälen, waschen und in einem Topf mit Salzwasser bedeckt 1/2 Stunde kochen. Das Wasser abgießen und auf kleinster Flamme ausdämpfen lassen. Durch die Kartoffelpresse in eine Schüssel drücken und die Butter stückweise hineinrühren. Mit Muskatnuß würzen, eventuell nachsalzen, dann so viel heiße Milch mit dem Schneebesen darunterrühren, bis die gewünschte Konsistenz erreicht ist.

Spatzlen

300 g Mehl
1/2 Teel. Salz, 3 Eier
3 Eßl. Wasser
60 g Butter

Mehl, Salz und Eier gut verrühren, nach und nach das Wasser zugeben und den Teig schlagen, bis er Blasen wirft. Salzwasser aufkochen. Den Teig eßlöffelweise auf ein befeuchtetes Brett streichen und mit einem Schaber oder Messerrücken nudelig ins kochende Wasser schnitzeln (oder einfach durch das Spatzlsieb ins kochende Wasser drücken). Wenn die Spatzlen hochkommen, sofort herausnehmen, mit kaltem Wasser abschrecken und abtropfen lassen. Vor dem Servieren in der heißen Butter schwenken. Falls man den Teig durch das Spatzlsieb ins Wasser gibt, sollte er etwas weicher sein. Deshalb etwas mehr Wasser zum Teig geben.

Anmerkung: Ein preiswertes Essen wird daraus, wenn man die Menge verdoppelt, Spatzlen macht, schichtweise mit geriebenem Emmentaler Käse in eine Auflaufform gibt und im Ofen überbacken läßt.

Serviettenknödel

200 g altbackenes Brot
2 Eier
Gut 1/8 l Milch
40 g zerlassene Butter
Salz, Muskat
Butter zum Abschmelzen

Das Brot kleinwürflig schneiden. Eier, Milch, Butter, Salz und Muskat verquirlen und über das Brot gießen, gut vermengen und eine Weile stehen lassen. Eine Stoffserviette naß machen, auswringen und auslegen. Die Knödelmasse daraufgeben, aufrollen, wie einen Braten binden und in Salzwasser 15 Minuten sieden lassen. In Scheiben schneiden und mit brauner Butter begießen.

Reis

200 g Reis
30 g Fett
Eventuell 1/2 Zwiebel
Wasser, Salz

Fett in einem Topf erhitzen, den Reis tassenweise zugeben (man merke sich die Anzahl der Tassen!) und unter Rühren glasig werden lassen. Die doppelte Menge Wasser dazugießen, nach Geschmack die halbierte Zwiebel dazugeben, salzen, aufkochen, dann bei ganz milder Hitze zugedeckt 18—20 Minuten garziehen lassen.
Je nach Reissorte kann sich die Wassermenge etwas erhöhen.

Grießplattlen

1/2 l Milch
40 g Butter
Salz, Muskatnuß
125 g Weizengrieß
1 Ei und Semmelbrösel zum Panieren
Fett zum Backen

Die Milch aufkochen, Salz, Muskat und die Butter einrühren, dann langsam unter ständigem Rühren den Grieß einrieseln lassen. 15 Minuten unter Rühren kochen, auf ein befeuchtetes Blech 1/2 cm dick aufstreichen und erkalten lassen. In Quadrate schneiden, in versprudeltem Ei und Semmelbrösel wälzen und in heißem Öl schwimmend goldgelb backen.

Polenta

1 l Wasser, Salz
250 g Polentamehl (Maisgrieß)

In einem schweren Topf das Wasser zum Kochen bringen, salzen. Das Polentamehl in einem feinen Strahl unter ständigem Rühren ins kochende Wasser rieseln lassen (der Kochvorgang darf in den ersten 5 Minuten nicht unterbrochen werden). Nun die Hitze reduzieren und die Polenta in ca. 45 Minuten garziehen lassen. Anfangs sollte man dabei ununterbrochen mit einem Holzlöffel rühren, später in kürzeren Abständen (je fleißiger gerührt wird, desto besser wird die Polenta). Die Polenta auf ein Holzbrett stürzen und in Scheiben geschnitten als Beilage servieren.

Anmerkung: Mit Polenta lassen sich auch preiswerte Hauptgerichte anrichten, z. B.:
— Polentascheiben mit Käse bestreuen und mit brauner Butter abschmelzen,
— zwischen zwei Polentascheiben eine Scheibe Gorgonzola geben und servieren.

Spinat passiert

Zutaten wie unten
Zusätzlich: 1 Eßl. Mehl
1/8 l Fleischsuppe
1/10 l Rahm
Majoran, Maggi, Muskat
Salz, Pfeffer

Den Spinat kochen und abschrekken, gut ausdrücken und passieren. Zwiebel und Knoblauch in Butter andünsten, mit Mehl anstauben, den Spinat zufügen, mit Fleischsuppe auffüllen, aufkochen. Rahm dazugeben und würzen, 5—10 Minuten unter Rühren dämpfen.

Blattspinat

1 kg Spinat, Salz
50 g Butter
1 kleine Zwiebel
1 Knoblauchzehe
Pfeffer, Muskatnuß

Den Spinat putzen, gründlich waschen und in reichlich Salzwasser gar kochen (je nach Stärke der Blätter 1—5 Minuten). Abseihen, abschrekken und leicht ausdrücken. Butter erhitzen, kleingehackte Zwiebel und Knoblauch darin goldgelb dünsten, den Spinat zufügen und bei milder Hitze kurz dünsten. Mit Salz, frisch gemahlenem Pfeffer und einer Prise Muskatnuß würzen.
Für Rahmspinat fügt man zum Schluß knapp 1/8 l Rahm und ein Stückchen Butter hinzu.

Kohlrabi gedünstet

4 mittlere Kohlrabi
30—40 g Butter
1 Teel. Zucker, Salz

Zucker in Butter schwach Farbe nehmen lassen, den gewürfelten oder in Stäbe geschnittenen Kohlrabi dazugeben, wenig Wasser drangießen, mit einer Prise Salz würzen und zugedeckt in 20—25 Minuten gar dünsten. Nach Bedarf zwischendurch etwas Wasser nachgießen.

Karotten

750 g Karotten (Gelbe Rüben)
Salz, 1 gestrichener Teel. Zucker
60 g Butter

Die Karotten waschen, mit einem Messer die Haut abschaben (junge Karotten mit Schale nehmen), in Scheiben oder Stäbchen schneiden und in einen Topf geben. Mit kaltem Wasser aufgießen, so daß sie gerade eben bedeckt sind. Eine Prise Salz, Zucker und Butter beifügen, zudekken und schwach kochend garen, bis nahezu die ganze Flüssigkeit verdunstet ist (notfalls gegen Ende den Deckel abnehmen). Die Karotten in der verbleibenden Soße schwenken, bis sie damit schön überzogen sind.

Zucchini

750 g Zucchini
Olivenöl
2 Knoblauchzehen
1 Zwiebel, Salz, Petersilie

Zucchini waschen, abtrocknen, in Scheiben schneiden und in reichlich Olivenöl mit der gewürfelten Zwiebel und den Knoblauchzehen zuerst kräftig anbraten, dann auf milder Hitze 10 Minuten dünsten. Salzen und mit Petersilie und nach Belieben mit Parmesan bestreuen.

Variante: Ausgebackene Zucchinischeiben. Zucchini der Länge nach in Scheiben schneiden, mit Salz bestreuen und etwas liegen lassen. In Mehl und in verquirlten Eiern wenden und in heißem Olivenöl goldgelb backen.

Beilagen und Gemüse

Blaukraut

1 fester Blaukrautkopf
Salz, Pfeffer, Essig
40 g Gänseschmalz oder Schweineschmalz
1 Zwiebel
3 würzige Äpfel

Vom Krautkopf die äußeren Blätter entfernen, vierteln, vom Strunk befreien. In schmale Streifen schneiden. Mit Salz und Pfeffer würzen, mit Essig besprengen und einige Zeit stehen lassen. In einem Emaille- oder einem irdenen Topf das Schmalz erhitzen, die kleingehackte Zwiebel darin anbraten, das Kraut hinzufügen und zugedeckt bei milder Hitze 1 1/2 Stunden garen. Inzwischen die Äpfel schälen, in Scheiben schneiden, leicht zuckern und gegen Ende der Garzeit zum Kraut geben. Noch 15 Minuten weiterdünsten.

Anmerkung: Besonders gut wird das Blaukraut, wenn man es eine Nacht lang mit Rotwein, Essig, Salz, Zukker und Zitronensaft mariniert und dann wie oben beschrieben kocht.

Sauerkraut

1 kg Sauerkraut
1 Zwiebel u. 1/2 Zwiebel
1 Lorbeerblatt, 1 Knoblauchzehe
4—5 Pfefferkörner
2—3 Wacholderbeeren
1 gestrichener Eßl. Mehl
Salz, Pfeffer

Das Kraut in einen Topf geben, Wasser dazugießen, bis es knapp bedeckt ist. Eine halbierte Zwiebel, Lorbeerblatt, Knoblauch, Pfefferkörner und Wacholderbeeren dazugeben und 1/2 Stunde dünsten. In einem anderen Topf die halbe, kleingeschnittene Zwiebel in Butter hellbraun rösten, das Mehl einrühren, kurz mitrösten, dann alles zum Kraut geben und gut unterrühren. Salzen und pfeffern.

Pfifferlinge

300 g Pfifferlinge
1 kleinere Zwiebel
1 Knoblauchzehe
Salz, Pfeffer
1 Eßl. gehackte Petersilie
30 g Butter

Pfifferlinge putzen, die größeren kleinschneiden. Zwiebel und Knoblauch feinhacken, in Butter anschwitzen, die Pfifferlinge dazugeben und dünsten. Salzen, Pfeffer darübermahlen, Petersilie darüberstreuen. Nach Belieben 1/8 l Rahm einrühren.

Steinpilze, gebraten

600 g Steinpilze
Salz, Pfeffer
30 g Butter oder Olivenöl
1/2 kleine Zwiebel
1 Knoblauchzehe
Zitronensaft
Gehackte Petersilie

Die Pilze rasch waschen, sorgfältig putzen und in Scheiben schneiden. Salzen und pfeffern. Die Pilze in Butter oder Olivenöl mit der feingehackten Zwiebel, dem Knoblauch und einigen Tropfen Zitronensaft anbraten, dann dünsten, bis alle Flüssigkeit verdampft ist. Petersilie darüberstreuen und als Beilage reichen.

Schlosserbuben

16 große, getrocknete Zwetschgen
16 geschälte Mandeln
Schokolade, Staubzucker
Fett zum Backen
Für den Backteig:
125 g Mehl
1/8 l Weißwein
1 Prise Salz
1 Eßl. zerlassene Butter
2 Eier, 2 Eßl. Zucker

Kleine, recht trockene Zwetschgen sollte man in Wasser kochen oder längere Zeit einweichen (bei großen, schönen Zwetschgen erübrigt sich dies). Die Zwetschgen entsteinen und mit je einer Mandel füllen. Das gesiebte Mehl mit dem Weißwein, Salz und Butter glattrühren, die Eidotter untermischen und eine Stunde rasten lassen. Eiweiß mit dem Zucker zu steifem Schnee schlagen und locker unter den Teig ziehen. Die Zwetschgen auf eine Gabel spießen, in den Teig tauchen, in sehr heißem Fett schön braun backen, etwas abkühlen lassen und in der grob geraspelten Schokolade wälzen. Leicht mit Staubzucker bestäuben. Mit Weinschaumsoße und eventuell mit einem Löffel Vanille-Eis servieren.

Weinschaumsoße: 3 Eigelbe mit 2 Eßlöffel Zucker cremig rühren und anschließend im Wasserbad mit 1/8 l Weißwein schaumig schlagen.

Kastanienkoch

70 g Butter
3 Eier, 2 Eidotter
140 g passierte Kastanien (ungeschält ca. 250 g)
Etwa 1/8 l Milch
50 g Zucker

Die Kastanien einritzen, in den Ofen geben, schälen und in der Milch weich kochen. Passieren. Die Butter gut flaumig rühren, dann nach und nach die 5 Eidotter darunterrühren. Die Kastanien und den Zucker untermischen. 3 Eiweiß zu steifem Schnee schlagen und locker unterheben. Die Masse in eine gefettete Form geben und im heißen Rohr backen. Mit Staubzucker bestreuen und warm servieren.

Weinapfel mit Creme

4 Äpfel
2 Eßl. Zucker
1/4 l Weißwein
5 Eigelb
120 g Zucker
1 Vanilleschote, ausgeschabt
1 Eßl. Rum
150 cl Rahm
Schokoladenpulver oder Schokoraspel

Äpfel schälen, halbieren, entkernen und mit Weißwein und Zucker in einem Topf zugedeckt in ca. acht Minuten weich dünsten. Eigelbe mit Zucker und Vanillemark gut cremig rühren, Rum und steifgeschlagenen Rahm unterheben. Apfelhälften in Gläser verteilen, mit der Creme überziehen, kühl stellen. Mit Schokoladenpulver oder Schokoraspeln bestreut servieren.

Schlosserbuben ▷

Kastanienhalbgefrorenes mit gebratenen Äpfeln

4 Eier, 3 Eidotter
200 g Zucker
300 g Kastanien, gekocht und mit etwas Milch passiert
(ungeschält ca. 560 g)
2 cl Rum (1 Likörglas)
1/4 l Rahm
Für die Äpfel:
2 Äpfel (Boskop oder Canada Reinette)
1 nußgroßes Stück Butter
1—2 Eßl. Zucker
1/2 Glas Weißwein

Eier, Dotter und Zucker im Wasserbad gut aufschlagen, bis die Masse cremig und lauwarm ist, dann die Creme vom Herd nehmen und so lange schlagen, bis sie wieder völlig erkaltet ist (hierfür kann man den Topf auch in kaltes Wasser stellen). Das Kastanienpüree mit dem Rum und dem steifgeschlagenen Rahm vermischen und unter die Creme heben. In eine kalt ausgespülte Kastenform füllen und für 4 Stunden in den Tiefgefrierer stellen. 1/2 Stunde vor dem Servieren herausnehmen und in den Kühlschrank stellen. Die Äpfel schälen, vierteln, entkernen und mit Butter, Zucker und Wein in eine Pfanne geben. Dünsten, bis sich ein feiner Sirup gebildet hat. Nach Belieben mit Apfelschnaps flambieren. Auf den Tellern je eine Scheibe Kastanieneis anrichten, mit 2 Apfelvierteln umlegen, zum Schluß den Sirup drangießen.

Weinkoch

100 g Zucker
3 Eier, 1 Dotter
Zitronenschale
60 g geröstete Brösel
20 g Mehl
Zimt

Zucker mit den vier Dottern gut schaumig rühren, Zitronenschale, Brösel, Mehl und etwas Zimt dazugeben und alles gut vermischen. Eiweiß zu steifem Schnee schlagen und locker unterziehen. Einen Backmodel mit Butter bestreichen und mit Brösel ausstreuen. Die Masse einfüllen und bei mäßiger Hitze backen.
Den Weinkoch stürzen und mit Glühwein servieren.

Grießnudeln mit Glühwein

1/2 l Milch
120 g Weizengrieß
50 g Butter
Salz, Muskat
1 Eßl. Zucker
2 Eidotter
1 Ei und Semmelbrösel zum Panieren
Zimt, Zucker
Fett zum Backen

Die Milch aufkochen, den Grieß unter ständigem Rühren einrieseln lassen, 10 Minuten bei milder Hitze unter Rühren kochen. Butter, Zukker, eine Prise Salz und Muskat zufügen, etwas abkühlen lassen, dann die Eigelbe unterrühren. Aus der Masse kleinfingerdicke und -lange Nudeln formen, in Ei und Brösel wälzen und schwimmend in heißem Fett ausbacken. In Zimtzucker drehen und mit Glühwein servieren.

Für den Glühwein 1/4 l Rotwein mit 1 Stange Zimt, einigen Nelken, Stern-Anis, Zitronenschale und 4 Eßlöffel Zucker fast zum Sieden bringen (Glühwein darf nicht kochen!). Abseihen.

Krapfen, Kiechl, Strauben

Völser Kirchtagskrapfen

625 g Mehl
1 Ei
1/10 l Öl
1 Prise Salz
1/4 l Milch, lauwarm

Aus den Zutaten einen glatten, geschmeidigen Teig kneten. In zwei Laibe teilen, mit einem Tuch und einer Schüssel zudecken und eine bis zwei Stunden ruhen lassen.
Einen Laib auf der bemehlten Arbeitsfläche dünn austreiben und mit dem Teigrad in ca. 12 cm breite Streifen schneiden. Einen Streifen mit Kloazenfülle bestreichen, den zweiten Teigstreifen darauflegen, leicht andrücken. Mit beiden Händen die Enden des Streifens fassen und locker in die Länge ziehen, so daß der Streifen fast doppelt so lang wird. Rhomben abradeln und sofort in heißem Fett backen. Dabei die Marmeladenseite nach unten einlegen und mit einer Schöpfkelle heißes Fett auf die Oberseite der Krapfen schöpfen. Den restlichen Teig ebenso verarbeiten.
Diese Menge ergibt ca. 35 Krapfen.

Kloazenfülle

3 kg Birnen (vorzugsweise eine kleine Birnensorte)
3 Eßl. Zucker
Zimt

Die Birnen vierteln oder halbieren (je nach Größe), auf ein Backblech geben und im Backrohr ca. eine Stunde braten, dann an einem trockenen luftigen Ort drei Wochen dörren. Vor der Zubereitung eine Nacht lang in Wasser einweichen. Am Tag darauf Stengel abnehmen, die Birnen in Wasser kochen, abseihen, passieren. Drei Eßlöffel Zucker und etwas Zimt darunterrühren.

Anmerkung: Marmeladekrapfen werden wie die Kirchtagskrapfen zubereitet, mit dem Unterschied, daß anstatt der Kloazenfülle Marillenmarmelade mit heißem Wasser verdünnt wird, sehr dünn auf die Teigstreifen gestrichen und mit einigen Zucker-Anis-Körnern bestreut wird.
Aus demselben Teig wie oben werden auch Honigkrapflen hergestellt. Der Krapfenteig wird mit einer Füllung aus getrockneten Zwetschgen und Honig gefüllt, in sehr kleine Rhomben geschnitten, gebacken, in eine Schüssel geschichtet und mit Honigwasser übergossen. Ein ähnliches (und recht üppiges) Gericht ist das Rittner „Gwoachet" (Geweichtes). Der Krapfenteig wird mit Kloazenfülle gefüllt, wie Schlutzkrapflen halbmondförmig abgeradelt und in Fett ausgebacken. Die abgetropften Krapfen in eine Schüssel schichten, jede Lage mit einer Tunke aus Honig, gemahlenem Mohn und heißem Wasser übergießen. Zum guten Schluß zerlassene Butter über das Ganze geben.

More (mürbe) Krapfen

220 g Weizenmehl
180 g Roggenmehl
1 Eidotter, 1 Ei
2 Eßl. Rahm
30 g Butter, 1 Eßl. Öl
1/10 l Milch, Salz
Zwetschgenmarmelade zum Füllen
Fett zum Backen

Alle Teigzutaten miteinander vermischen und gut durchkneten. 1 Stunde rasten lassen, dann kleine Stücke abschneiden, zu Kugeln formen und auf bemehlter Fläche in dünne, ovale Blätter austreiben. Die Krapfen mit Zwetschgenmarmelade füllen, zusammenklappen, die Ränder festdrücken und mit dem Teigrad abradeln. Schwimmend in heißem Fett ausbacken.

Marmeladekrapfen ▷▷

Krapfen, Kiechl, Strauben

Aldeiner Mohnkrapfen

Für den Teig:
1 kg Mehl
200 g Butter
1/4 l Rahm
Wasser nach Bedarf
1 Ei, etwas Salz
1 Schuß Schnaps
Für die Fülle:
200 g Mohn
200 g Zucker
Gut 1 Tasse Milch
3 Eßl. Honig
Fett zum Backen

Aus den Zutaten einen nicht zu festen Teig kneten und zugedeckt an einem warmen Ort rasten lassen. Mit dem Nudelholz nicht zu dünn austreiben und in 10 cm breite Streifen schneiden. Auf die Hälfte des Streifens in regelmäßigen Abständen die Fülle geben, die andere Hälfte darüberschlagen, mit den Händen andrücken, 10 cm große Krapfen abradeln. In heißem Fett schwimmend goldbraun backen.
Für die Fülle den Mohn in einer großen Eisenpfanne gut erhitzen und abrösten, dann kaltrühren. Den Mohn mahlen und in der gezuckerten Milch unter Rühren dickkochen. Vom Herd nehmen und den Honig einrühren.

Anmerkung: Bei den „Süßen Krapfen" werden mit obengenanntem Teig und der Fülle sehr kleine Vierecke ausgeradelt, gebacken, in eine Schüssel gegeben, mit geriebenem Mohn bestreut und mit Honigwasser, das mit etwas Butter aufgekocht wurde, übergossen.
Ein recht üppiges Gericht!

Strauben

200 g Mehl, Salz
2 Eßl. zerlassene Butter
1/4 l Milch
1 Stamperl Schnaps (2 cl)
2 Eier
Fett zum Backen

Die lauwarme Milch salzen, das gesiebte Mehl dazurühren. Eidotter und Schnaps einmischen, rasten lassen, dann den gut steifgeschlagenen Schnee vorsichtig unterziehen. Den Teig aus einem Straubentrichter kreisförmig in heißes Backfett bis zur Tellergröße einlaufen lassen und auf beiden Seiten goldgelb backen. Mit Staubzucker bestreut servieren. Dazu paßt gut ein Kompott, Apfelmus oder Preiselbeeren.

Apfelkiechl

3—4 gute, würzige Äpfel
Zucker, Rum, Zitronensaft
Für den Tunkteig:
125 g gesiebtes Mehl
1/8 l Weißwein
2 Eßl. zerlassene Butter
1 Prise Salz
1 Spritzer Schnaps
2 Eier
Fett zum Backen
Zimt, Zucker

Für den Backteig Mehl und Weißwein glattrühren, dann Butter, Salz, Schnaps und Eidotter untermengen. 1—2 Stunden an einem warmen Ort stehen lassen.
Die Äpfel schälen, vom Kerngehäuse befreien und in fingerdicke Scheiben schneiden. Mit Zucker bestreuen, mit Rum und Zitronensaft beträufeln und 1/2 Stunde mit einem Teller beschwert stehen lassen.
Die Apfelscheiben trocknen. Eiweiß zu steifem Schnee schlagen und unter den Teig heben. Die Apfelscheiben einzeln durch den Teig ziehen, in sehr heißem Fett schwimmend ausbacken, abtropfen lassen und mit Zimt und Zucker bestreut servieren.

Strauben ▷

Krapfen, Kiechl, Strauben

Kniekiechl

500 g Mehl
1/8 l Milch
30 g Germ
1/2 Eßl. Zucker
3 Eidotter
50 g zerlassene Butter
Zitronenschale von ½ Zitrone
Etwa 1/4 l Milch
Fett zum Backen
Preiselbeermarmelade

Milch, Germ und Zucker verrühren, an einen warmen Ort stellen und zum Dampfl gehen lassen. Das Mehl in eine Schüssel sieben, eine Vertiefung machen, das Dampfl hineingeben, mit etwas Mehl vermischen und zugedeckt nochmals gehen lassen. Dann die Dotter, die abgekühlte Butter, Zitronenschale und einen Teil der Milch dazufügen, durchrühren und so lange schlagen, bis der Teig Blasen wirft und sich vom Schüsselrand löst. Falls nötig, zwischendurch die restliche Milch zufügen; der Teig soll nicht zu fest sein. Zudecken und gehen lassen. Den Teig auf das bemehlte Brett geben, kurz und ganz leicht durchkneten, gleichmäßige Stücke abschneiden, zu Kugeln formen, mit einem Tuch zudecken und gehen lassen. Das Fett erhitzen. Mit beiden Händen unter die Krapfen fassen und gleichmäßig rundherum etwas ausziehen, so daß außen herum ein dicker Wulst entsteht. Nach und nach im heißen Fett backen. Dabei mit einer Schöpfkelle heißes Fett auf die Krapfen schöpfen, damit sich eine schöne Kappe bildet. Abtropfen lassen, umgedreht auf Teller legen und die Vertiefung mit Preiselbeermarmelade füllen. Mit Staubzucker bestreuen.

Hufeisen 1

Getrocknete Feigen, Zwetschgen, Marillen
Walnüsse
Gebratene Kastanien
Dörrbirnen
Für den Tunkteig siehe Rezept Apfelkiechl S. 68
Fett zum Backen

Einen starken Draht zu einem Hufeisen formen und die Früchte schön gemischt daran aufreihen. In den Tunkteig tauchen und in gut heißem Fett ausbacken. Erkalten lassen, flach durchschneiden, den Draht herausnehmen und das Hufeisen wieder zusammensetzen. Zum Servieren Maibutter (halbgeschlagener Rahm) darübergießen.

Hufeisen 2

Es gibt noch eine zweite Variante beim Hufeisen. Hierbei werden abgezogene Mandeln und große, geweichte Sultaninen abwechselnd auf einen dünnen Draht aufgezogen. Das Hufeisen in Tunkteig tauchen und ausbacken und diesen Vorgang drei- bis viermal hintereinander wiederholen, so daß sich eine dicke Kruste um Mandeln und Sultaninen bildet. Durchschneiden, den Draht entfernen und mit Maibutter servieren. Die Hufeisen wurden früher gerne als Nachspeise bei Hochzeiten gereicht.

Kniekiechl ▷

Krapfen, Kiechl, Strauben

Stocktirtl

(für 6 Personen)

Für den Teig:
400 g Roggenmehl
100 g Weizenmehl
30 g zerlassene Butter
Ca. 1/4 l lauwarmes Wasser
1 Teel. Anis, Salz
Für die Füllung:
200 g Topfen
150 g gemahlenen Mohn
120 g Zucker
Für die Tunke:
50 g Honig
150 g gemahlenen Mohn
1/8 l Wasser
Fett zum Backen

Die Teigzutaten zu einem festen Teig kneten, in 12 gleich große Teile teilen. Jedes Teil zu einem Blatt austreiben, das 18 cm im Durchmesser haben sollte. Den passierten Topfen mit dem Mohn und dem Zucker verrühren. 6 Tirtlen damit füllen, jeweils mit einem zweiten Tirtl zudecken, die Ränder gut andrücken und in heißem Öl schwimmend bakken. Gut abtropfen lassen. Für die Tunke Honig, Mohn und Wasser vermischen und kurz aufkochen. Das erste Tirtl auf einen Teller geben, mit der heißen Tunke begießen und so alle übereinanderschichten, bis die Tirtlen aufgebraucht sind. Wie eine Torte in Stücke schneiden und servieren.

Mohnkrapflen mit Tunke

Für den Teig:
Siehe nachfolgendes Rezept „Zirggelen", zusätzlich 80 g passierte, gekochte Kartoffeln in den Teig arbeiten

Mit dem gegangenen Teig daumendicke Nudeln formen, davon kleine, gleichmäßige Stücke abschneiden und mit den Händen zu Blättchen formen. Mit einer Mohnfülle, die entweder aus 200 g Topfen, 150 g gemahlenem Mohn und 120 g Zukker oder aus Mohn, Zucker, Milch und Honig zusammengesetzt ist, füllen, zusammenklappen und die Ränder fest andrücken (eventuell mit etwas Eiweiß kleben). Mit einem Tuch zudecken und gehen lassen. In heißem Fett schwimmend backen. Dazu kann man eine Tunke reichen. Hierfür werden 1/4 l Kaffee, 1/8 l Rotwein, 80 g Zucker kurz aufgekocht und zu den Mohnkrapflen serviert.

Zirggelen (Nigelen) mit Honigtunke

250 g Mehl, 25 g Germ
25 g Zucker, 25 g Butter
1/8 l Milch, 2 Eier
Salz, Zitronen- und Orangenschale von ungespritzten Früchten
Sultaninen
Fett zum Backen

Den Germ in lauwarmer Milch verrühren, die Hälfte vom gesiebten Mehl dazurühren und zugedeckt gehen lassen.
Eier, Zucker, Orangen- und Zitronenschale, Salz, zerlassene Butter, Sultaninen und das restliche Mehl dazugeben, gut abschlagen, bis sich der Teig vom Schüsselrand löst, dann nochmals zugedeckt an einem warmen Ort gehen lassen.
Den Teig 2 cm dick ausrollen und runde Plätzchen im Durchmesser von 4 cm ausstechen. Mit einem Tuch bedecken und 1/4 Stunde gehen lassen. In heißem Fett schwimmend backen.
Für die Tunke 1/4 l Weißwein, 3—4 Eßlöffel Honig, 2 Gewürznelken, ein Stück Zimtrinde und Zitronenschale erhitzen, aber nicht kochen (!), und in eine Schüssel geben. Die Zirggelen darin verteilen.

«Hufeisen» ▷

Grießschmarrn

1/2 l Milch
125 g Weizengrieß
50 g Butter
3 Eidotter
2—3 Eßl. Zucker
Sultaninen nach Geschmack
Butter zum Backen

Die Milch zum Sieden bringen und den Grieß langsam unter Rühren einrieseln lassen. Unter Rühren kochen, bis er sich vom Topf löst. Die Butter einrühren, etwas abkühlen lassen, dann die Eidotter, Zucker und eventuell gewaschene Sultaninen untermischen. Butter erhitzen, den Teig hineingeben und schön goldgelb backen. In kleine Stücke reißen und mit Zucker bestreuen.

Kaiserschmarrn I

5—6 Eier
1/4 l Milch
160 g Mehl
1 Prise Salz
80 g Butter
3 Eßl. Zucker
60 g eingeweichte Rosinen

Milch, das gesiebte Mehl und eine Prise Salz glatt rühren. Eier zufügen und kurz vermischen. Etwas rasten lassen. Die Hälfte der Butter in einer großen Pfanne erhitzen, Teig einfüllen, bei mäßiger Hitze die Unterseite bräunen lassen. Die abgetrockneten Rosinen darüberstreuen, dann die Teigmasse wenden, etwas anheben und die restliche Butter daruntergeben. Fertig backen, mit zwei Gabeln in große Stücke reißen und mit Zukker bestreut servieren.

Kaiserschmarrn II

150 g Mehl
1/4 l lauwarme Milch
4 Eier
1 Prise Salz
30 g Zucker
60 g eingeweichte Rosinen
80 g Butter

Milch mit dem gesiebten Mehl und einer Prise Salz glatt rühren, Eier zufügen und damit vermischen. Die Eiklar mit dem Zucker zu sehr steifem Schnee schlagen und unter den Teig ziehen. Abgetrocknete Rosinen untermischen. In einer großen Pfanne Butter erhitzen, den Teig hineingeben und kurz an der Unterseite bräunen lassen. Dann im vorgeheizten Backrohr bei mittlerer Hitze noch zehn Minuten fertig backen. Mit zwei Gabeln in Stücke reißen und dick mit Staubzucker bestreuen.

Brotschmarrn

4 Semmeln vom Vortag
3 Eier
1/4 l Milch, eine Prise Salz
50 g Sultaninen
2 Eßl. Zucker
1 Eßl. Mehl, 70 g Butter

Die Semmeln feinblättrig aufschneiden, in eine Schüssel geben. Die Eier mit der Milch versprudeln, leicht salzen und über das Brot gießen, die gewaschenen Sultaninen und Zukker dazugeben. 1/4 Stunde rasten lassen. Mehl darunterrühren, dann den Schmarrn in erhitzter Butter langsam backen. In Stücke reißen und dick mit Zucker bestreuen.
Dazu paßt gut Apfelkompott.

Bratäpfel

6 Äpfel (Boskop, Calville, Canada, Reinette)
Johannisbeermarmelade
Butter, Zucker

Die Äpfel waschen und vom Kernhaus befreien. Eine Bratreine (oder ein Backblech) ausbuttern, die Äpfel hineinsetzen, mit der Marmelade füllen. Butterflöckchen auf die Äpfel setzen, mit Zucker bestreuen und im vorgeheizten Backrohr bei 220 Grad 25—30 Minuten braten.

Kaiserschmarrn ▷

Süß- und Mehlspeisen

Marillenknödel

1 kg Kartoffeln
80 g weiche Butter
50 g Weizengrieß
1 Ei, 2 Eigelbe
Salz
250 g Mehl
1 1/2 kg Marillen
Würfelzucker
180 g Butter, 150 g Semmelbrösel, Zucker, Zimt

Die Kartoffeln mit der Schale kochen, im warmen Backofen ausdampfen lassen, noch heiß schälen, durch die Kartoffelpresse drücken, etwas abkühlen lassen, dann mit Butter, Grieß, Salz, Ei und Eigelbe leicht vermischen. Mehl darübersieben und alles zu einem glatten Teig verarbeiten (wenn nötig, die Mehlmenge erhöhen). Kurz rasten lassen. Die Arbeitsfläche bemehlen, den Teig darauf 1/2 cm dick ausrollen, in Quadrate schneiden (7 × 7 cm), die Marillen mit je einem Stück Würfelzucker füllen und mit dem Teig umhüllen. In kochendem Salzwasser nur ganz leicht zehn Minuten kochen lassen. Butter zerlassen, die Semmelbrösel darin unter ständigem Rühren braun rösten. Marillenknödel abtropfen lassen, dann in den Bröseln wälzen und mit Zucker und Zimt bestreuen.

Topfenknödel

5 Semmeln vom Vortag
125 g Butter
4 Eier
200 g Topfen
1/8 l Sauerrahm
100 g Mehl
120 g Semmelbrösel, 120 g Butter

Die Semmeln entrinden und in ganz kleine Würfel schneiden. Butter und Eier schaumig rühren, Topfen, Sauerrahm und gesiebtes Mehl dazugeben, alles mit den Semmelwürfeln vermischen, Knödel formen. Etwa 15 Minuten in Salzwasser leicht sieden lassen. Butter zerlassen, die Semmelbrösel darin schön braun rösten. Die Knödel abtropfen lassen, dann in den Semmelbröseln wälzen. Mit Zucker bestreuen und mit Zwetschgenröster servieren.

Zwetschgenröster

250 g Zucker
1/8 l Wasser
Zimtrinde, Nelke, Saft und Schale einer Zitrone
1/2 kg entsteinte und halbierte Zwetschgen

Zucker und Wasser mit einem Stück Zimtrinde, einer Nelke und Saft und Schale einer Zitrone aufkochen, die vorbereiteten Früchte zugeben. So lange kochen, bis die Zwetschgen richtig weich sind.

Schwarzbeerlaibchen

400 g Schwarzbeeren
1 Ei, 1 Eidotter, etwas Milch
1—2 Eßl. Mehl, Salz
30 g Butter
Zucker, Zimt

Ei, Eidotter, Milch, Mehl und Salz zu einem leichten Schmarrnteig verrühren. Die Schwarzbeeren untermengen. Butter heiß werden lassen. Die Masse eßlöffelweise in die Pfanne geben (dazwischen reichlich Abstand lassen, da der Teig etwas auseinanderläuft). Auf beiden Seiten fertig backen und mit Zucker und Zimt bestreut servieren. Dazu paßt gut kalte Milch.

Marillenknödel ▷

Topfenpalatschinken

Für den Teig:
150 g Mehl
1/4 l Milch, Salz
3 Eier, 1 Eßl. Öl
1 Teel. Zucker
Butter zum Backen
Für die Füllung:
50 g Butter, 50 g Zucker
2 Eier, Zitronenschale
Salz
250 g passierten Topfen
2—3 Eßl. gewaschene Sultaninen
4 Eßl. Sauerrahm
Zum Begießen:
1/4 l Milch, 2 Eier
1—2 Eßl. Zucker

Das gesiebte Mehl mit der Milch und einer Prise Salz gut verschlagen, die Eier nach und nach unterrühren, Öl und Zucker zufügen. Den Teig ruhen lassen. In wenig Butter nacheinander sechs dünne Palatschinken backen. Für die Füllung Butter, Zucker, Salz, Eidotter und Zitronenschale schaumig rühren. Topfen, Sultaninen und Sauerrahm zufügen. Eiweiß zu steifem Schnee schlagen und locker unterheben. Die Palatschinken damit dick füllen, aufrollen, in eine flache, gebutterte Auflaufform schräg aufeinanderliegend schichten.
Milch, Eier und Zucker verquirlen und über das Gericht gießen. Im gut vorgeheizten Ofen überbacken. Zum Servieren quer durchschneiden.

Buchteln mit Vanillesoße

500 g Mehl, Salz
28 g Germ
Etwa 1/8 l Milch
70 g Butter
70 g Zucker
Abgeriebenes von 1/2 Zitrone
2 Eier
100 g Butter
Marmelade zum Füllen

Mehl in eine angewärmte Schüssel sieben, salzen, eine Mulde hineindrücken. Germ zerbröckeln, in die Mulde geben, die lauwarme Milch dazugeben und mit dem Finger verrühren. Etwas Zucker und Mehl darüberstäuben, mit einem Tuch zudecken und das Dampfl an einem warmen Ort gehen lassen. Zerlassene Butter mit Zucker, Zitronenschale und den Eiern verrühren und zum Teig geben, der nun kräftig geschlagen wird, bis er sich vom Schüsselrand löst. Wieder zudecken und gehen lassen. Den Teig auf bemehlter Fläche 2 cm dick austreiben, in Quadrate schneiden, Marmelade daraufgeben, die Ecken zusammenfassen, in zerlassene Butter tunken und mit der glatten Seite nach oben eng beieinander in eine gebutterte Bratreine setzen. Mit einem Tuch zudecken und nochmals gehen lassen, bis sich das Volumen der Buchteln verdoppelt hat. Mit zerlassener Butter bestreichen und im Rohr bei 200 Grad in 1/2—3/4 Stunde backen. Während der Backzeit noch einmal mit Butter bepinseln. Wenn die Oberfläche schön hellbraun ist, sind die Buchteln fertig.
Mit Vanillesoße servieren.

Vanillesoße

3 Eigelb, 50 g Zucker
1/4 l Milch, 1/4 Vanilleschote

Eidotter und Zucker mit dem Schneebesen cremig (nicht schaumig!) rühren. Währenddessen die Milch mit der ausgeschabten Vanilleschote aufkochen. Langsam und unter ständigem Rühren zur Eiermasse gießen. Die Creme in einen Topf gießen, auf den Herd stellen und unter ständigem Rühren erhitzen (die Creme darf auf keinen Fall kochen!). Wenn sie leicht angedickt auf dem Holzlöffel liegen bleibt, ist sie gelungen. Durch ein feines Sieb passieren.

◁ Buchteln mit Vanillesoße

Süß- und Mehlspeisen

Scheiterhaufen

5 Semmeln vom Vortag
700 g säuerliche Äpfel
70 g geriebene Mandeln
50 g Rosinen
6 Eßl. Zucker
1/2 l Milch
3 Eier
Zimt, geriebene Zitronenschale
1 Prise Salz, Butter

Die Semmeln in dünne Scheiben schneiden, die Äpfel schälen, vom Kernhaus befreien und blättrig schneiden. Eine bebutterte Auflaufform mit einer Schicht Brotscheiben belegen, darauf einen Teil der Äpfel verteilen und Rosinen, etwas Zucker und Mandeln darüberstreuen. Mit etwas Zimt und Zitronenschale würzen, dann eine zweite Schicht Brotscheiben einlegen und so fort, bis alles verbraucht ist. Mit einer Brotschicht aufhören. Milch, Eier, eine Prise Salz und den verbliebenen Zukker (ca. 3 Eßlöffel) gut verquirlen und über die Auflaufmasse gießen. Mit Butterflöckchen bestecken und bei mittlerer Hitze im Rohr ca. 3/4 Stunde backen.

Variante: Man verquirlt die Milch nur mit den Dottern, verfährt weiter wie oben und schlägt kurz vor Ende der Backzeit die Eiklar mit zwei Eßlöffeln Zucker zu steifem Schnee, streicht diese Masse auf den Auflauf und läßt den Schnee im Ofen noch Farbe annehmen.

Schwarzbrotpudding

100 g Butter
6 Eier
100 g geriebene Mandeln
Zitronenschale
100 g Zucker
120 g schwarze Brösel (vom Schwarzbrot)
40 g Schokolade
Zimt, Nelkenpulver

Weiche Butter mit den Dottern gut flaumig rühren. Mandeln, geriebene Zitronenschale, Zucker, Brotbrösel, geriebene Schokolade, Zimt und Nelkenpulver dazugeben und untermengen. Eiweiß zu steifem Schnee schlagen und locker unterziehen. Die Masse in eine ausgeschmierte Puddingform füllen und im Wasserbad im heißen Rohr etwa 1 Stunde kochen (immer wieder kochendes Wasser nachgießen, damit die Form immer zu 3/4 im Wasser steht). Den Pudding stürzen und zu Tisch bringen.

Reisauflauf mit Himbeersoße

150 g Reis (Rundkornreis)
1/2 l Milch
Salz, ausgeschabte Vanilleschote
Zitronenschale
90 g Zucker
4 Eier

Reis unter fließendem Wasser waschen und mit kalter Milch aufsetzen. Eine Prise Salz, Vanille und Zitronenschale zufügen und zum Kochen bringen. Bei kleiner Hitze garkochen. Dabei gelegentlich umrühren. Vom Herd nehmen. Die Dotter mit der Hälfte des Zuckers schaumig rühren, zum Reis rühren und erkalten lassen. Eiweiß mit dem restlichen Zucker zu steifem Schnee schlagen und locker unter die Reismasse heben. Eine Auflaufform gut einfetten, die Masse einfüllen und im Rohr bei 180 Grad ca. 1/2 Stunde backen.

Himbeersoße: 200 g vollreife, frische Himbeeren pürieren, passieren, mit 80 g Staubzucker aufkochen und etwa 3—4 Minuten einkochen. Zum Reisauflauf reichen.

Scheiterhaufen ▷

Apfelstrudel

Für den Teig:
250 g Mehl
1 Ei, eine Prise Salz
2 Eßl. Öl
Ca. 1/16 l Wasser
Für die Füllung:
2 kg Äpfel (Gravensteiner oder Boskop)
150 g Semmelbrösel
150 g Butter
80—100 g Zucker
Zimt, Zitronenschale
50 g Rosinen
50 g Pignoli
100 g zerlassene Butter zum Bestreichen des Teiges

Das Mehl auf die Arbeitsfläche sieben und mit Ei, Salz und Öl mit einer Hand verrühren. Mit der anderen Hand nach und nach Wasser nach Bedarf zugießen, bis der Teig die richtige Konsistenz hat. Nun mit beiden Händen kräftig durchkneten, bis der Teig glatt und geschmeidig ist. Zu einer Kugel formen und mit Öl bestreichen. 1/2 Stunde rasten lassen. In der Zwischenzeit die Äpfel schälen, entkernen, feinblättrig schneiden. Die Semmelbrösel in Butter hellbraun rösten.
Auf einem bemehlten Tuch den Teig mit dem Nudelholz austreiben, mit beiden Handrücken darunterfassen und von der Mitte her weiter ausziehen, bis er papierdünn ist, aber nicht reißt. Mit einem Teil der zerlassenen, lauwarmen Butter bestreichen. 2/3 des Teiges mit den Semmelbröseln bestreuen, darauf die Äpfel verteilen, Zucker, Zimt, Zitronenschale, Rosinen und Pignoli darüberstreuen. Nun wird der Strudel von der Seite mit der Füllung durch Anheben des Tuches eng aufgerollt. In eine gefettete Bratreine oder auf ein Blech legen, mit der restlichen zerlassenen Butter bestreichen und ca. 1/2 Stunde bei 220 Grad backen. Mit Staubzucker bestreuen und noch lauwarm servieren.
Halbgeschlagener Rahm schmeckt sehr gut dazu.

Kirschstrudel

Für den Teig:
Strudelteig wie bei Apfelstrudel
Für die Füllung:
1 kg Kirschen
150 g Butter
150 g Semmelbrösel
4—5 Eßl. Zucker
Zimt
Butter zum Bestreichen des Teiges

Einen Strudelteig wie bei Apfelstrudel beschrieben vorbereiten und ausziehen und mit zerlassener, lauwarmer Butter bestreichen. Die Semmelbrösel in Butter bräunen, auf 2/3 des Teiges geben, darauf die nicht (!) entkernten Kirschen verteilen (so bleibt er viel schmackhafter), mit Zimt und Zucker bestreuen und aufrollen. Mit zerlassener Butter bestreichen und im Rohr bei 220 Grad 1/2—3/4 Stunde backen.

Anmerkung: Anstatt der Kirschen kann man für diesen Strudel auch Weintrauben verwenden.

Omas Mandelkuchen ▷

Topfenstrudel

Für den Teig:
Strudelteig wie bei Apfelstrudel
Für die Füllung:
130 g weiche Butter
130 g Zucker
1 Päckchen Vanillezucker
1 Prise Salz
5 Eier
Zitronenschale
2/10 l Sauerrahm
500 g Topfen
60 g Rosinen, Milch

Den Strudelteig vorbereiten und rasten lassen. In der Zwischenzeit Butter, Zucker, Vanillezucker und Salz schaumig rühren, dann nach und nach die Eidotter dazurühren und mit Zitronenschale, Sauerrahm und dem passierten Topfen vermischen. Die Eiklar zu steifem Schnee schlagen und unter die Topfenmasse heben.
Den gerasteten Strudelteig dünn ausziehen, mit der Topfenfülle bestreichen, mit den Rosinen bestreuen und locker aufrollen. In eine gebutterte Bratreine legen, mit Milch bestreichen und bei mäßiger Hitze ca. 3/4 Stunde backen. Zwischendurch immer wieder mit wenig Milch begießen.

Mohnstrudel

Für den Teig:
500 g Mehl
90 g Butter
30 g Germ
2 Eidotter, 1 Ei
50 g Zucker, Salz, Milch nach Bedarf
Für die Füllung:
1/4 l Milch
30 g Butter
300 g Mohn, gemahlen
120 g Zucker
Zitronenschale, Zimt
3 Eßl. Honig

Die Butter in kleinen Stückchen an das Mehl geben und mit einem Messer so lange hacken, bis Mehl und Butter gut vermischt sind. In eine große Schüssel geben. Germ in zwei Eßlöffel lauwarmer Milch auflösen, zusammen mit den Dottern, dem Ei, Zucker, Milch nach Bedarf und Salz unter das Mehl mischen. Gut abschlagen, bis sich der Teig vom Schüsselrand löst und Blasen wirft. Mit einem Tuch zudecken und an einem warmen Ort gehen lassen. In der Zwischenzeit die Füllung vorbereiten: alle Zutaten, außer dem Honig, erhitzen und einmal aufkochen. Vom Herd nehmen, Honig unterrühren, auskühlen lassen. Den Teig auf dem bemehlten Brett 1 cm dick auswalken, mit der Füllung bestreichen, aufrollen und auf das gefettete Blech geben. Zudecken und nochmals gehen lassen, mit geschlagenem Ei bestreichen, langsam backen.

Nußstrudel

Für den Teig:
Strudelteig wie bei Mohnstrudel
Für die Füllung:
250 g geriebene Walnüsse
200 g Honig
3—4 Eßl. Milch
Zitronenschale

Alle Zutaten gut miteinander vermengen und weiterverarbeiten, wie bei Mohnstrudel beschrieben.

◁ Mohnstrudel

Backen

Strudel, Kuchen und Torten

Linzer Torte

250 g Mehl
250 g Zucker
1 Päckchen Vanillezucker
1 Prise Salz
1 gestrichener Teel. Zimt
1 Messerspitze Nelkenpulver
Zitronenschale
2 Eier
250 g Butter
250 g ungeschälte, geriebene Mandeln
1 Eigelb, Preiselbeermarmelade

Das Mehl auf ein Brett sieben, in die Mitte eine Vertiefung drücken. Zukker, Vanillezucker, Gewürze und Eier hineingeben und mit einem Teil des Mehls zu einem dicken Brei verarbeiten. Darauf die kalte, in Stückchen geschnittene Butter verteilen, die Mandeln dazugeben und nun alles rasch zu einem Teig kneten. Kalt stellen.
2/3 des Teiges in eine Springform drücken und mit Marmelade bestreichen. Zum restlichen Teig noch etwas Mehl geben, zu Würsten formen und gitterförmig über die Marmelade legen. Mit dem verquirlten Eigelb bestreichen. Bei mäßiger Hitze ca. 3/4 Stunde backen.

Gugelhupf

300 g Mehl
30 g Germ
3 Eidotter
100 g Zucker
80 g Butter
Abgeriebene Schale einer Zitrone
1 Prise Salz
ca. 1/8 l lauwarme Milch
80 g Sultaninen (in Rum weichen lassen)

Das Mehl in eine große Schüssel sieben, im Backrohr anwärmen. In die Mitte des Mehls eine Mulde machen, den Germ hineinbröckeln, drei Eßlöffeln lauwarme Milch, ein bißchen Zucker und Mehl dazugeben, mit dem Finger verrühren, mit einem Tuch zudecken und an einem warmen Ort gehen lassen. (Am besten geht dies im minimal erhitzten Backrohr.) In der Zwischenzeit die Sultaninen abtrocknen und in Mehl wälzen. Die Dotter, Zucker, zerlassene, aber nicht heiße Butter, geriebene Zitronenschale, Salz und Milch mit dem Mehl und dem Dampfl vermischen und so lange schlagen, bis sich der Teig vom Schüsselrand löst und Blasen wirft. Sultaninen dazugeben. Teig in eine gefettete Gugelhupf-Form füllen (die Form sollte nur bis zur Hälfte gefüllt sein), mit einem Tuch bedekken und nochmals gehen lassen. Bei mittlerer Hitze ca. 3/4 Stunde bakken. Abkühlen lassen, dann in Plastikfolie aufbewahren, sonst trocknet der Gugelhupf sehr schnell aus.

Omas Mandelkuchen

8 Eier, 2 Eidotter
280 g Zucker
280 g Mandeln, gerieben
70 g Semmelbrösel
1/2 Glas Weißwein (1/16 l)
1 Messerspitze Nelkenpulver
Einige Tropfen Rum, Zitronenschale
100 g gestiftelte Mandeln

Die zehn Dotter mit 200 g Zucker sehr schaumig rühren, dann die geriebenen Mandeln, die in Weißwein geweichten Semmelbrösel (sie dürfen nicht zu naß sein!) und die Gewürze zufügen. Eiweiß zu steifem Schnee schlagen, restlichen Zucker langsam einrieseln lassen, immer weiterschlagen, bis er schnittfest ist. Locker unter die Teigmasse heben. In eine gefettete und mit Mehl gestaubte Springform geben, mit den gestiftelten Mandeln bestreuen und bei mäßiger Hitze ca. eine Stunde backen. (Stäbchenprobe machen!)

Gugelhupf ▷

Backen

Strudel, Kuchen und Torten

Marmorkuchen

200 g weiche Butter
150 g Zucker
4 Eier
1 Päckchen Vanillezucker
Etwas Zitronenschale
1/2 Päckchen Backpulver
300 g Mehl
1/2 Tasse Milch
1 Eßl. Kakaopulver
1 Spritzer Rum

Butter und Zucker sehr schaumig rühren, nach und nach die Eidotter zugeben und gut verrühren. Vanillezucker und etwas Zitronenschale hinzufügen. Das Mehl mit dem Backpulver mischen und über die Eimasse sieben, Milch und Rum zugeben und alles gut vermengen. Eiklar zu steifem Schnee schlagen und vorsichtig unter den Teig heben. 3/4 der Teigmasse in eine gefettete, gestaubte Form füllen. Den übrigen Teig mit dem gesiebten Kakaopulver vermischen und löffelweise auf dem hellen Teig verteilen. Mit der Gabel einmal durchziehen.
Im vorgeheizten Ofen ca. 3/4 Stunde langsam backen.
Mit Staubzucker bestäuben oder ausgekühlt mit folgender Rumglasur überziehen:
200 g gesiebten Staubzucker mit einem Eßlöffel Rum und einem Eßlöffel heißem Wasser immer in eine Richtung rühren, bis die Glasur ganz glatt und ohne Klumpen ist.

Biskuitkuchen mit Öl

250 g Zucker
1 Glas Öl (knapp 1/8 l)
4 große Eier
250 g Mehl
Saft und Schale 1 ungespritzten Zitrone
1 Päckchen Vanillezucker
1/2 Päckchen Backpulver
50 g Sultaninen
50 g Pignoli

Zucker, Öl und Eidotter gut schaumig rühren. Mehl und Backpulver mischen, auf die Dottermasse sieben und untermengen. Zitronensaft und -schale, Vanillezucker, gewaschene, getrocknete Sultaninen und Pignoli dazugeben und verrühren. Eiklar zu sehr steifem Schnee schlagen und locker unterziehen. Die Masse in eine mit Öl gefettete und gestaubte Kastenform geben und bei mittlerer Hitze backen.

Schokoladekuchen

120 g Butter
240 g Zucker
300 g Mehl
100 g Walnüsse
120 g Schokolade
4 Eier
Ca. 1/8 l Milch
1 Päckchen Backpulver
Für die Glasur:
150 g Schokolade
150 g Zucker
30 g Butter

Butter flaumig rühren, nach und nach Zucker und Dotter hineinrühren. Mehl und Backpulver gut vermischen und über die Eiermasse sieben. Nüsse und Schokolade reiben und zum Teig geben. Eiweiß zu steifem Schnee schlagen und locker unterheben, Milch nach Bedarf zugießen. Teig in eine bebutterte, bemehlte Springform geben und bei 200 Grad ca. 1 Stunde backen. Für die Glasur Schokolade im Wasserbad zerlaufen lassen, dann mit dem gesiebten Staubzucker glattrühren. Die zerlassene, warme Butter in die Glasur rühren. Den ausgekühlten Kuchen mit der Glasur gleichmäßig überziehen.

Mohntorte

200 g Zucker
8 Eier
200 g geriebene Mandeln oder Haselnüsse
200 g gemahlenen Mohn
1 Päckchen Vanillezucker
1 Backpulver
1 Prise Zimt
Saft von 2 Zitronen
1 Schuß Rum
2—3 Äpfel

Zucker und die ganzen Eier schaumig rühren. Mandeln oder Nüsse, Mohn, Vanillezucker, Backpulver, Zimt, Zitronensaft und Rum untermischen, zum Schluß die Äpfel hineinreiben. In eine gefettete, gestaubte Form geben und langsam backen.

Karottentorte

250 g Zucker
5 Eier
250 g geriebene Karotten
250 g geriebene Mandeln
Saft von 1 Zitrone
1 Eßl. Mehl

Zucker und Eidotter gut schaumig rühren. Die Karotten reiben und mit den Mandeln, Zitronensaft und Mehl untermischen. Eiklar zu steifem Schnee schlagen und locker unter den Teig heben. Die Masse in eine gebutterte, gebröselte Form geben und langsam backen.

Kastanientorte

250 g Eier (samt der Schale wiegen, ca. 4—5 Eier)
250 g Zucker
250 g gekochte, passierte Kastanien (ungeschält ca. 430 g)
1/4 l Schlagrahm zum Füllen

Die Kastanien in kochendes Wasser geben und 1/2 Stunde kochen lassen. Schälen und passieren. Die Eidotter mit dem Zucker sehr gut ausrühren (1/2 Stunde!), dann die passierten Kastanien untermischen. Eiklar zu sehr steifem Schnee schlagen und locker mit dem Schneebesen unter die Kastanienmasse heben. In eine gefettete Form geben und bei mäßiger Hitze ca. 3/4 Stunde backen. Nach dem Erkalten eventuell durchschneiden und mit geschlagenem Rahm füllen und den Rand verzieren oder den Rahm extra dazureichen.

Schwarzplententorte

250 g weiche Butter
250 g Zucker
6 Eier
250 g Schwarzplentenmehl
250 g geriebene Mandeln
1 Päckchen Vanillezucker

Butter mit 150 g Zucker und den Eigelben schaumig rühren. Mehl, Mandeln und Vanillezucker dazugeben und vermischen. Eiweiß zu halbsteifem Schnee schlagen, restlichen Zucker dazugeben und fertig schlagen, bis in der Schneemasse ein Messerschnitt sichtbar bleibt. Vorsichtig unter den Teig heben, in eine gefettete Springform füllen und bei mäßiger Hitze ca. eine Stunde backen. (Backprobe mit einem Holzstäbchen machen!) Den Kuchen auskühlen lassen, dann einmal durchschneiden (am besten geht es mit einem Zwirn, den man um den Kuchen bindet, kreuzt und dann fest zuzieht, bis der Kuchen durchschnitten ist).
Mit Preiselbeermarmelade füllen und mit Staubzucker bestreuen. Mit geschlagenem Rahm servieren.

Schwarzplententorte ▷▷

Pignolikipferl

140 g Zucker
2 Eiklar
140 g geriebene Mandeln
Zitronenschale von 1/2 Zitrone
150 g Pignoli

Zucker und Eiklar 1/4 Stunde lang rühren, die geriebenen Mandeln und Zitronenschale untermischen, aus der Masse kleine Kipferl formen, in den Pinienkernen wälzen und im mäßig heißen Ofen lichtgelb backen.

Anislaibchen

180 g Zucker
2 Eier, 1 Eidotter
140 g Mehl
Anis

Den Zucker mit zwei ganzen Eiern und einem Eidotter gut flaumig rühren, dann das Mehl hineinsieben und alles vermischen. Auf ein gefettetes Blech Häufchen aufspritzen, etwas Anis daraufstreuen, über Nacht stehenlassen. Bei mäßiger Hitze backen.

Zimtsterne

3 Eiweiß
250 g Staubzucker
1 Eßl. Zitronensaft
1 Teel. Zimtpulver
350 g ungeschälte, geriebene Mandeln

Eiweiß zu steifem Schnee schlagen. Den gesiebten Staubzucker unterrühren, eine 1/2 Tasse der Eischneemasse beiseite stellen. Zimt, Zitronensaft und Mandeln unter den Eischnee mischen, alles schnell zusammenkneten und im Kühlschrank zugedeckt 1 Stunde rasten lassen. Falls der Teig viel zu weich sein sollte, noch Mandeln hinzugeben. Die Arbeitsfläche mit Zucker bestreuen und darauf den Teig fast 1 cm dick austreiben, Sterne ausstechen. Auf ein gefettetes Blech setzen, mit der Schaummasse glasieren. Bei 220 Grad kurz backen. Die Sterne sollen innen noch weich sein und die Oberfläche weiß!

Vanillekipferl

280 g Mehl
210 g Butter
70 g Zucker
100 g geschälte, geriebene Mandeln
3 Eßl. Zucker
3 Päckchen Vanillezucker

Mehl auf die Arbeitsfläche sieben, die kleingeschnittene, kalte Butter an den Rand setzen und alles zusammen mit einem Messer hacken, bis Mehl und Butter gut miteinander vermischt sind. Zucker und Mandeln dazugeben und alles gut und mit Geduld zu einem glatten Teig verkneten. Den Teig im Kühlschrank 1/2 Stunde rasten lassen, dann Stückchen abschneiden, zu kleinfingerdikken Nudeln formen, in 7 cm lange Stücke schneiden und zu Kipferln formen. Bei mittlerer Hitze backen, nicht länger als 2 Minuten auskühlen lassen, dann in Vanillezucker-Zukker-Gemisch wälzen.

◁ Weihnachtskekse

Spitzbuben

500 g Mehl
350 g Butter
180 g Zucker
3 kleine Dotter
1 Päckchen Vanillezucker
Geriebene Zitronenschale
Marmelade zum Füllen

Das Mehl auf das Brett sieben, eine Mulde machen und die Eidotter, Zucker und Vanillezucker hineingeben. Die gekühlte Butter in Flöckchen an den Rand setzen. Nun die Zutaten schnell zu einem glatten Teig kneten und in Alufolie gewikkelt 1 1/2 Stunden im Kühlschrank rasten lassen. Den Teig portionsweise weiterverarbeiten. Auf der bemehlten Fläche austreiben, gleich viele Ringe und Kreise ausstechen und auf ein Blech legen. Bei 180 Grad ca. 10 Minuten backen. Auskühlen lassen, dann mit beliebiger, möglichst roter Marmelade bestreichen, zusammensetzen und mit Staubzucker bestäuben.

Schokoladeküchlein

3 Eiweiß
250 g feinkörniger Zucker
1 Päckchen Vanillezucker
125 g grob geraspelte Schokolade
250 g gehackte Mandeln

Eiweiß zu steifem Schnee schlagen. Zucker und Vanillezucker eßlöffelweise dazugeben, dabei immer weiterschlagen, bis der Schnee schnittfest ist. Die Schokoladestückchen und die Mandeln vorsichtig unterheben. Mit zwei Teelöffel kleine Häufchen auf ein Blech mit Alufolie setzen. Etwa 40 Minuten bei kleiner Hitze eher trocknen als backen.

Schweizerzungen

200 g Butter
120 g Staubzucker
4 Eidotter
1 Päckchen Vanillezucker
50 g geriebene Mandeln
220 g Mehl
Marillenmarmelade
100 g Schokolade

Butter, Zucker und Vanillezucker flaumig rühren, nach und nach die Dotter dazugeben, zum Schluß die Mandeln und das gesiebte Mehl darunterrühren. Den Teig in einen Spritzsack mit glatter Tülle füllen, fingerlange Stäbchen aufs gefettete Blech spritzen und bei guter Hitze backen.
Erkalten lassen, zwischen zwei Kekse leicht verdünnte Marillenmarmelade streichen, zusammensetzen und zur Hälfte in zerlassene Schokolade tauchen.

Lebkuchenwürfel

720 g Mehl
340 g Zucker
4 Eier
4 Eßl. weichen Honig
Je 2 Messerspitzen Nelkenpulver und Zimt
Zitronenschale
2 Teel Natron
Salz
Walnußhälften für die Verzierung

Zucker, Eier, Honig und Gewürze gut rühren (mindestens 1/4 Stunde). Das gesiebte Mehl mit Natron und einer kleinen Prise Salz vermischen. Die Eiermasse zum Mehl geben, gut abkneten, in eine Schüssel geben, mit einem Tuch bedecken und einen Teller daraufgeben. An einem warmen Ort über Nacht stehen lassen. Am nächsten Tag den Teig noch etwas durchkneten, dann auf bemehlter Arbeitsfläche 1 cm dick austreiben, auf das befettete Backblech geben und bei mäßiger Hitze backen, bis der Lebkuchen eine schöne hellbraune Farbe hat (aufpassen, denn der Lebkuchen wird gerne hart, wenn er zu lange gebacken wird). Etwas auskühlen lassen, in Würfel schneiden, mit Rumglasur (siehe Register) bestreichen und mit einer Walnußhälfte verzieren.

Zelten

1/2 kg Rosinen
1/2 kg getrocknete Feigen
200 g Datteln
200 g getrocknete Birnen
250 g Walnüsse oder Mandeln
150 g Pignoli
100 g Zitronat, 100 g Aranzini
Saft und Schale von 1 Zitrone und 1 Orange
1/8 l Rum oder Weinbrand
1 gestrichener Teel. Zimt
1 Messerspitze Nelkenpulver
250 g Brotteig vom Bäcker (Roggenmehlteig)
Kandierte Früchte und abgezogene Mandeln zum Verzieren

Rosinen gut waschen und abtrocknen, dann alle Früchte und Nüsse kleinwürflig schneiden, in eine große Schüssel geben, Saft und Schale von Orange und Zitrone und Gewürze dazugeben, alles vermischen, mit Rum tränken, zudecken und über Nacht stehen lassen. Am nächsten Tag die Masse mit dem Brotteig gut vermischen. Ovale, flache Laibe formen, auf ein befettetes Backblech geben, mit Zucker- oder Honigwasser bestreichen und bei mäßiger Hitze ca. 45 Minuten backen. Zwischendurch mit Zuckerwasser bestreichen. Mit kandierten Früchten und Mandeln verzieren, gut auskühlen lassen (eine Nacht und einen Tag). Die Laibe einzeln in Alufolie wickeln und kühl aufbewahren.
Den Zelten sollte man 2—3 Wochen vor Weihnachten machen.

Lebkuchen

250 g Zucker, 6 Eier
500 g Honig
500 g Weizenmehl
500 g Roggenmehl
10 g Zimt, 10 g Nelkenpulver
Zitronenschale, 30 g Natron
Zum Verzieren:
100 g abgezogene Mandeln
Einige kandierte Früchte
1 Eiweiß

Eier und Zucker auf dem Herd flaumig schlagen, dann den erwärmten Honig zugeben und alles zusammen mit dem Mehl, den Gewürzen und dem Natron mischen und gut durchkneten. Über Nacht an einem warmen Ort stehen lassen. Am nächsten Tag auf der bemehlten Arbeitsfläche 1/2 cm dick austreiben, in Rechtekke schneiden, mit verquirltem Eiweiß bestreichen, mit Mandeln und kandierten Früchten verzieren und im Backrohr goldbraun backen. Auskühlen lassen und in Blechschachteln bis Weihnachten aufbewahren.

Völser Schüttelbrot

1 kg Roggenmehl
200—300 g Weizenmehl
30 g Germ (oder 20 g Germ und 100 g Sauerteig)
Brotklee, Kümmel
Salz
Lauwarmes Wasser

Die Mehlsorten in eine Schüssel sieben, und in der Mitte aus Germ und etwas lauwarmem Wasser das Dampfl bereiten. Gehen lassen, dann mit den übrigen Zutaten und Wasser einen eher weichen Teig kneten. Diesen Teig so lange gehen lassen, bis er fast um das Doppelte aufgegangen ist. Ein Brottuch mit Kleie („Grischen") bestreuen, handgroße Teighäufchen daraufsetzen und wiederum ca. 1/2 Stunde gehen lassen. Diese Fladen auf ein mit Mehl bestäubtes Brett (ca. 35 cm Durchmesser) geben und immer im Kreis schütteln, bis der Teig fast Brettgröße erreicht hat und recht dünn geworden ist. (Dieses „Schütteln" erfordert Geduld und eine gewisse Fertigkeit). Im vorgeheizten Backrohr bei 200 Grad backen. Das Schüttelbrot soll eine schöne, braune Farbe bekommen. Nach dem Backen auslegen und trocknen lassen.

Vorschlagbrot

300 g Weizenmehl
500 g Roggenmehl
30 g Germ, 1 Teel. Zucker
1/2—3/4 l Milch (oder Wasser)
1 gestrichener Eßl. Salz
2 Eßl. gerebelter Brotklee
1 Eßl. Anis
1 Eßl. Fenchel

Das vorgewärmte Mehl miteinander mischen. Eine Vertiefung machen, Germ hineinbröckeln und mit etwas Milch und Zucker verrühren. Zugedeckt an einem warmen Ort gehen lassen, dann mit Salz, Gewürzen und der restlichen Milch vermischen und gut durchschlagen. Gehen lassen. Mit etwas Mehl durchkneten, flache Laibe formen und auf ein mit Kleie oder Mehl bestreutes Blech geben. Nochmals gehen lassen, mit der Gabel mehrmals einstechen und im vorgeheizten Rohr bei 200 Grad ca. 30 Minuten backen.

Vinschger Paarlen

1/2 kg helles Roggenmehl
1/2 kg dunkles Roggenmehl
100 g Weizenmehl
200 g Sauerteig (siehe Rezept)
1/2—3/4 l Wasser
1 Eßl. Salz
Gerebelter Brotklee
1 Eßl. Kümmel
1 Eßl. Anis

Mehl und Gewürze miteinander vermischen, in der Mitte eine Mulde machen und einen mit lauwarmem Wasser verrührten Sauerteig hineingeben. Das restliche Wasser hinzufügen (je nach Bedarf) und alles zu einem weichen Teig kneten. 1—2 Stunden an einem warmen Ort gehen lassen. Dann den Teig in faustgroße Stücke aufteilen und davon jeweils zwei nebeneinander auf ein bemehltes Blech legen. Nochmals gehen lassen. Die Paarlen werden bei ca. 210 Grad 20—30 Minuten gebacken.

Zubereitung des Sauerteiges

Einen schnellen und einfachen Sauerteig kann man nach folgendem Grundrezept bereiten:

40 g Germ
1/4 l Buttermilch oder Joghurt
4 Eßl. Roggenmehl

Buttermilch oder Joghurt lauwarm erwärmen, Germ einbröseln und das gesiebte Mehl dazurühren. Diesen Brei — nicht zugedeckt — 24 Stunden lang an einem warmen Ort stehen lassen und ab und zu umrühren. Aus dieser Grundmenge erhält man ungefähr 300 g Sauerteig.
Eine zweite Möglichkeit, Sauerteig zu bereiten: Man mischt 100 g Roggenmehl mit lauwarmem Wasser, so daß ein dickflüssiger Brei entsteht. Diesen Brei 3 Tage im Warmen stehen lassen.
Wird letztgenannter Sauerteig verwendet, ist es notwendig, bei der Brotteigbereitung zusätzlich etwas Germ dazuzugeben.
Wird öfters Sauerteigbrot gebacken, kann man jeweils vom Teig eine kleine Menge zurückbehalten und entweder einfrieren, eintrocknen lassen oder für kurze Zeit in einem Plastiksack kühl aufbewahren. Beim nächsten Backen kann dieser Sauerteig dann gemeinsam mit etwas Germ wieder als Triebmittel verwendet werden.

Schrotbrot

300 g Weizenschrot
200 g Weizenmehl
20 g Germ, 1 Teel. Zucker
Etwas Milch (ca. 1/8 l)
1 Teel. Salz
Ca. 1/4 l Wasser
Anis und Fenchel

Die beiden Mehlsorten miteinander vermischen, in der Mehlmulde mit Germ, Zucker und Milch das Dampfl bereiten, gehen lassen. Mit allen anderen Zutaten zu einem mittelfesten Teig verarbeiten, ungefähr 40 Minuten an einem warmen Platz zugedeckt gehen lassen. Den Teig entweder zu einem großen Laib oder zu mehreren kleinen Laibchen formen. Diese nochmals kurz gehen lassen, dann mit Wasser oder Milch bepinseln und bei 200 Grad backen.

Leinsamenbrot

400 g Weizenmehl
250 g Roggenmehl
200 g Weizenvollkornschrot
200 g Roggenvollkornschrot
100 g Leinsamen (3 Stunden vorher in Wasser einweichen)
30 g Germ
1 Teel. Zucker
Etwas Milch
2—3 Teel. Salz, 3 Teel. Fenchel oder Kümmel
1/2—3/4 l Wasser

Weizenmehl und Roggenmehl in eine Schüssel sieben, Weizen- und Roggenschrot dazumischen, in der Mitte eine Grube machen, darin aus Germ, Zucker und etwas lauwarmer Milch das Dampfl bereiten. Ca. 15 Minuten in der Wärme gehen lassen. Dann mit allen übrigen Zutaten zu einem mittelfesten Teig verkneten. 3/4 Stunde an einem warmen Ort gehen lassen, nochmals gut durchkneten und zwei Weggen formen. Die Weggen mit einer Gabel mehrmals einstechen, nochmals 1/4 Stunde gehen lassen. Mit lauwarmem Wasser bepinseln und im vorgeheizten Backrohr ca. 45 Minuten backen.

Oster-Fochaz

1 kg glattes Mehl
35 g Germ, 1 Teel. Zucker
Gut 1/4 l Milch
Eventuell 1 Ei
4 Eßl. Öl
1 Eßl. Anis, Salz

Das vorgewärmte Mehl in eine Schüssel sieben, eine Mulde machen, Germ hineinbröckeln und mit etwas lauwarmer Milch und Zucker verrühren. Zudecken und an einem warmen Ort gehen lassen. Den gegangenen Vorteig mit Mehl, Milch, eventuell einem Ei, Öl und Gewürzen vermischen. Den Teig schlagen, bis er sich vom Schüsselrand löst. Wieder gehen lassen. Leicht durchkneten, zu zwei Laiben formen, auf ein gefettetes, gestaubtes Blech geben und auf der Oberfläche mit einer Stricknadel ein Muster einsticheln. Zudecken und 15 Minuten gehen lassen.
Bei mäßiger Hitze 30—40 Minuten backen.

Anmerkung: Die südt. Bezeichnung Fochaz (auch häufig für Gebildbrote) kommt aus dem Ladinischen. Focaccia bedeutet soviel wie „Ofenbrot".

Sonntagsbrot

500 g Weizenvollkornmehl, fein (bei normalem Weizenmehl nur 20—30 g Germ)
40 g Germ
1 Teel. Zucker
1/4 l Milch
Salz, 1 Ei
50 g Butter
3 Eßl. Zucker (oder Honig)
150 g Rosinen
Zum Bestreichen 1 Eigelb und Milch

Weizenmehl in eine Schüssel geben, in der Mitte eine Mulde machen und dort mit Germ, Zucker und etwas Milch ein Dampfl bereiten. Zudekken und an einem warmen Ort gehen lassen. Nun die übrigen Zutaten dazugeben und gut verkneten. Etwa 1/2 Stunde gehen lassen, dann wieder durchkneten, einen Brotlaib oder Weggen formen und auf dem Blech nochmals gehen lassen. Etwas Milch und ein Eigelb verquirlen und das Brot damit bestreichen. Im vorgeheizten Backrohr bei 200 Grad ca. 50 Minuten backen.
Das Brot kann auch in einer Form gebacken werden.

Hinweise zur Brotbereitung

— Alle Zutaten sollen Küchentemperatur haben
— Germ- oder Sauerteige nicht in Zugluft stehen lassen
— Gewürze entfalten ihr Aroma am besten, wenn sie gemahlen oder zerstoßen in den Brotteig kommen.
— „Dampfl" nennt man die Bereitung des Germvorteiges. Hierfür wird ins Mehl eine Mulde gemacht, der Germ hineingebrökkelt, mit etwas lauwarmer Milch, Zucker und Mehl verrührt, leicht mit Mehl bestäubt, mit einem Tuch zugedeckt und an einen warmen Ort gestellt, bis der Vorteig an der Oberfläche Risse bildet und aufgegangen ist. Dieser Vorteig (Dampfl) wird dann mit dem restlichen Mehl weiterverarbeitet.
— Der Teig soll in der Schüssel doppelt so groß werden
— Es empfiehlt sich, während der ersten Hälfte Backzeit ein flaches Gefäß mit heißem Wasser unter das Blech mit dem Brot zu stellen. Die Dampfentwicklung trägt dazu bei, daß das Brot besser aufgeht und die Rinde nicht so hart wird.

Menü 1

Johann Siessl

Krautstrudel

Schwarzplentene Knödelsuppe

Schichtenschmorbraten
Gebratene neue Kartoffeln
Gedämpfter Wirsing

Topfennocken in Johannisbeersoße

Krautstrudel

1 Paket Tiefkühl-Blätterteig
500 g Weißkraut
1 Zwiebel
100 g Bauchspeck, geräuchert
1 Eßl. Öl
1 Teel. Zucker
1/8 l Weißwein
Salz, Kümmel
150 g gekochter Schinken (dünne Scheiben)
3 gekochte Eier
1 Ei zum Bestreichen

Die Blätterteigscheiben zum Auftauen auslegen. Das Weißkraut von den Strünken befreien und in feine Streifen schneiden oder hobeln. Zwiebel und Speck fein würfeln. Das Öl erhitzen, Speck und Zwiebel darin anbraten, wenn die Zwiebeln glasig sind, den Zucker dazugeben und leicht karamelisieren lassen, mit dem Wein ablöschen, Weißkraut dazugeben, mit Salz und Kümmel würzen und zugedeckt ca. 1 1/2 Stunden dünsten (eventuell noch etwas Wein zugeben).
Die Blätterteigscheiben übereinanderlegen und zu einem Rechteck austreiben. Mit den Schinkenscheiben belegen. Das Kraut in ein Sieb schütten, gut abtropfen lassen und auf dem Schinken verteilen. In die Mitte die gekochten Eier legen. Zusammenrollen, vorsichtig auf ein Backblech heben, mit dem Ei bestreichen und im vorgeheizten Rohr bei 170 Grad ca. 25 Minuten backen.

Schwarzplentene Knödelsuppe

Siehe Rezept „Schwarzplentene Knödel mit Winter-Rettich" S. 32. Diese Knödel in einer guten Fleischsuppe servieren.

Schichtenschmorbraten

2 Rindersteaks von ca. 250 g (Rouladenfleisch)
2 Schweinesteaks von ca. 250 g (Keule)
Ca. 500 g Kalbsknochen (vom Metzger kleinhacken lassen)
1 Kopf Häuptelsalat
1 Bund Petersilie, 1 Zweig Rosmarin
2 Zweige Thymian
2 Knoblauchzehen, 1 Eßl. Brotbrösel
Salz, Pfeffer
1 Teel. Paprika
2 Zwiebeln, 1 Karotte
50 g Sellerie
2 Eßl. Öl
3/8 l kräftigen Rotwein
150 g Champignons
1/2 l Fleischbrühe
1 Teel. Mehl

Die Steaks zwischen zwei Plastikfolien zu einem Rechteck von ca. 30x15 cm ausklopfen. Den Strunk des Kopfsalates entfernen und die Salatblätter kurz in kochendem Wasser blanchieren und in Eiswasser abschrecken.

Kräuter und Knoblauch fein hacken, mit den Brotbröseln, Salz und frisch gemahlenem Pfeffer vermischen. Eine Rinderscheibe mit Pfeffer und etwas Kräutermischung würzen, dann mit einigen Salatblättern belegen und abwechselnd die Schweinesteaks und das zweite Rindersteak genauso behandeln und übereinanderlegen. Das Ganze von der längeren Seite her aufrollen und mit Rouladennadeln (oder Zahnstochern) zusammenstecken und in eine Schüssel legen. Zwiebeln, Karotte und Sellerie grob würfeln und zusammen mit etwas Öl über die Rouladen geben und diese zugedeckt im Kühlschrank 12 Stunden marinieren. Einen ausreichend großen Topf erhitzen. Die Roulade aus der Marinade nehmen, mit Paprika und Salz bestreuen und von allen Seiten anbraten, wieder herausnehmen und beiseite stellen. Jetzt die Kalbsknochen in dem Topf anrösten; wenn sie etwas Farbe angenommen haben, das Gemüse aus der Marinade dazugeben und mitrösten. Sobald es anfängt, braun zu werden, mit 1/3 vom Wein ablöschen und einkochen lassen, das Ganze noch zweimal wiederholen. Mit dem Mehl bestäuben, bis auch dieses Farbe bekommt. Die Brühe und die grobgeschnittenen Pilze dazugeben und langsam zum Kochen bringen. Die Roulade in die Soße legen und in ca. 70 Minuten weichgaren lassen.
Die Roulade herausheben und in Scheiben schneiden. Die Soße passieren und dazureichen.

Gebratene neue Kartoffeln

Acht kleine Kartoffeln schälen, in Fett anbraten, ins heiße Rohr schieben und fertiggaren lassen. Wenn die Kartoffeln weich sind (mit einem Stäbchen probieren!), das Fett abschütten, etwas Butter zu den Kartoffeln geben und darin nachbraten. Mit Salz und wenig Pfeffer würzen.

Gedämpfter Wirsing

Einen kleinen Wirsingkopf vierteln, den Strunk herausschneiden (aber so, daß die Blätter noch zusammenhalten). Kleingewürfelten Speck und Zwiebel anschwitzen, die Wirsingviertel darauflegen, mit Fleischbrühe begießen und zugedeckt in ca. 20 Minuten weichdämpfen.

Topfennocken in Johannisbeersoße

1 Ei, 1 Eigelb
200 g Magertopfen
1 Prise Salz
Vanillezucker
10 g Staubzucker
60 g Sauerrahm
10 g griffiges Mehl
750 g Johannisbeeren

Ei, Eigelb, Topfen, Salz, Vanillezucker, Staubzucker und Sauerrahm gut durchrühren, das Mehl darunterziehen und alles 30 Minuten rasten lassen. Aus der Topfenmasse mit einem Löffel Nockerln formen, auf ein mit Pergamentpapier belegtes Blech legen und im Kühlen wiederum rasten lassen. Dann in Salzwasser ca. 12 Minuten ziehen lassen.
Die Johannisbeeren durch ein Sieb pressen (vier Rispen zum Verzieren zurücklassen). Den Saft mit 3 Eßlöffel Zucker etwas einkochen, dann abkühlen lassen. Jeweils zwei abgetropfte Nockerln in die auf Teller gleichmäßig verteilte Johannisbeersoße legen und lauwarm servieren.

Menü 2

Martin Lercher

Salat von jungem Gemüse mit Kalbsbries

Miesmuschelsuppe mit Safran

Forellenfilet auf feinen Lauchspitzen mit aufgeschlagener Kräutersoße

Lammkarree mit Kräuterkruste

Feine Schokoladencreme mit Erdbeeren

Salat von jungem Gemüse mit Kalbsbries

100 g kleine Bohnen
100 g Karotten, rund geschnitten
80 g Blumenkohlröschen
2 mittlere Tomaten
2 Bündel Feldsalat
300 g Kalbsbries (Milcher)
Weinessig (oder Sherryessig)
Walnußkern-Öl, Salz, Pfeffer
Verschiedene Kräuter
1 Lorbeerblatt
Pfefferkörner
Zitronensaft
Mehl, Butter

Bohnen, Karotten und Blumenkohlröschen getrennt in Salzwasser garkochen. Das abgetropfte Gemüse mit Salz, Pfeffer, Essig, Walnußkern-Öl und verschiedenen Kräutern marinieren (durchziehen lassen).
Das gut gewässerte Bries von Haut und Blutgerinnsel befreien und in Salzwasser mit Lorbeerblatt, zerquetschten Pfefferkörnern und Zitronensaft oder Essig kurz kochen und abkühlen lassen. Bries in Scheiben schneiden, leicht würzen, in Mehl drehen und in Butter kurz anbraten.
Den marinierten Salat auf einem Teller locker anrichten, das Bries darauflegen und mit wenig Bratbutter beträufeln. Mit Feldsalatblättern und mit Tomatenstreifen garnieren.

Miesmuschelsuppe mit Safran

16 Miesmuscheln
Fischabfälle für den Fischfond (0,4 l)
20 g Schalotten. 10 g Butter
1 Messerspitze Safran
2 cl trockener Vermouth (möglichst Noilly Prat)
2 cl trockener Weißwein
2 Eßl. dicker Rahm (Créme double)
60 g Butter zum Aufschlagen
2 Eßl. geschlagener Rahm
Salz, weißer Pfeffer
4 Blatt frisches Basilikum

Um den Fischfond zu erhalten, die Fischabfälle waschen und mit etwas Zwiebel, Lorbeer, Pfefferkörnern, Essig in einen Topf mit Wasser geben und 1/2 Stunde kochen lassen. Die Schalotten in feine Würfel schneiden und in Butter anschwitzen, ohne Farbe nehmen zu lassen. Die gut gebürsteten Miesmuscheln beigeben und so lange zugedeckt mitschwitzen, bis sich die Schalen öffnen. Vom Feuer nehmen, Muschelfleisch von der Schale trennen und warm halten. Die im Topf zurückbleibende Flüssigkeit mit dem Fischfond aufgießen und ca. 2 Minuten durchkochen lassen. Rahm, Weißwein, Vermouth und Safran beigeben. Alles kurz erhitzen, dann mit Butter aufschlagen. Mit Salz und weißem Pfeffer abschmecken, das Muschelfleisch dazugeben und mit geschlagenem Rahm verfeinern. Mit gezupftem Basilikum bestreut servieren.
Dazu Knoblauchtoast servieren.

◁◁ Miesmuschelsuppe mit Safran
◁◁ Forellenfilet auf Lauchspitzen

Forellenfilet mit feinen Lauchspitzen und Kräutersoße

2 mittelgroße Forellen
500 g junger Lauch
2 Eßl Créme fraiche (leicht säuerlicher Rahm)
Salz, Pfeffer
50 g Kräuter (Dill, Kerbel, Estragon)
1/10 l Kalbsbrühe
Für die Holländische Soße:
2 Eigelb, Salz, weißer Pfeffer
3 Teel. Weißwein oder Fischsud
100 g Butter
1 Teel. Zitronensaft

Die Forellen vom Händler ausnehmen und filetieren lassen. Den Lauch waschen, das Weiße und das Hellgrüne der Stangen in feine Streifen schneiden und in einem Topf bei schwacher Hitze weichdünsten, mit Créme fraiche abrunden, mit Salz und Pfeffer abschmecken.
Für die Holländische Soße das Eigelb mit Weißwein, Salz und Pfeffer über dem heißen Wasserbad schaumig schlagen, vom Dampf nehmen und unter ständigem Rühren die zerlassene Butter einrühren. Die Kräuter mit der Kalbsbrühe im Mixer pürieren und unter die Soße mischen.
Die Forellenfilets in kochendes Salzwasser mit wenig Weißwein einlegen, vom Herd nehmen und 4—5 Minuten darin ziehen lassen.
Die Teller mit den Lauchstreifen auslegen, die Forellenfilets darauflegen und mit der Kräutersoße begießen.

Lammkarree mit Kräuterkruste

1 Lammkarree zu 1 kg ca.
Salz, Pfeffer
60 g Butter
150 g Zwiebeln
100 g Sellerie
Für die Kräuterkruste:
Senf
30 g geriebenes Toastbrot
Thymian, Rosmarin
Lorbeer, Salbei
Knoblauch

Das Karree vom Fleischer vorbereiten lassen, mit Salz und Pfeffer bestreuen und mit der Fettseite nach unten in eine Pfanne legen und am Herd scharf anbraten. Das ausgetretene Fett abschütten, Butter, kleingeschnittene Zwiebel und Sellerie beigeben und im vorgeheizten Backofen unter ständigem Begießen mit der Fettseite nach oben ca. 15 Minuten braten.
Das Karree herausnehmen, ca. 5 Minuten rasten lassen, leicht mit Senf bestreichen. Gehackte Kräuter mit den Bröseln und dem Knoblauch vermischen und auf das Karree streuen. Im heißen Ofen rasch überbacken. Mit der Bratflüssigkeit servieren. Dazu empfiehlt sich als Beilage: Grilltomate und Bratkartoffeln.

Feine Schokoladencreme mit Erdbeeren

1 Ei
1 Eidotter
20 g Zucker
1 Schuß Cream de cacao
1 Schuß Cognac
150 g zerlassene, feinste Schokolade
1/4 l geschlagenen Rahm
1 Körbchen Erdbeeren (1/4 kg)
Schokoladenspäne

Ei mit Dotter, Zucker und Alkohol im Wasserbad cremig und lauwarm schlagen. Die zerlassene Schokolade tropfenweise einrühren. Den geschlagenen Rahm vorsichtig untermischen. Die Schaumcreme in eine Schüssel geben und kalt stellen. Die Erdbeeren nach Belieben marinieren. Die erkaltete Creme mit einem Löffel ausstechen und auf einem Teller gefällig mit den Erdbeeren anrichten.
Mit Schokoladenspänen bestreuen.

Menü 3

Helmut Bachmann

Für 8 Personen

Pfifferlingsoufflè mit Kräuterschaum

Klares Spargelsüppchen mit Pimpinelle und Spargelspitzen

Gefüllter Lungenbraten
Mandelbällchen
Karotten in Kerbelbutter

Rhabarberterrine mit Walderdbeermark

Pfifferlingssoufflé mit Kräuterschaum

100 g Butter
120 g Mehl
1/2 l Milch
3 Eier
5 Dotter, 5 Eiklar
100 g geriebenen Parmesankäse
50 g Butter
200 g Pfifferlinge
Für den Kräuterschaum:
200 g Crème fraiche
Petersilie, Thymian
Schnittlauch
1/4 l Rahm

Butter schmelzen lassen, das Mehl einrühren, leicht Farbe nehmen lassen. Mit der heißen Milch aufgießen, gut vermengen und rühren, bis sich die Masse vom Topfboden löst. Vom Herd nehmen, 1 Minute warten, dann die ganzen Eier und die Dotter nach und nach dazugeben. Den geriebenen Käse, die in Butter gerösteten Pfifferlinge und zum Schluß das steifgeschlagene Eiweiß unterheben. Die Masse in feuerfeste, gebutterte, gebröselte Förmchen 3/4 voll einfüllen und bei mäßiger Hitze 10 bis 20 Minuten (je nach Größe) backen. Für den Kräuterschaum die Crème fraiche und die kleingehackten Kräuter erhitzen, vom Herd nehmen und den geschlagenen Rahm unterheben.

Klares Spargelsüppchen mit Pimpinelle

500 g Spargel
1 1/2 l Spargelsud
2 Eiweiß
500 g Rindfleisch
1 Zwiebel
2 Tomaten
1 Bund Pimpinelle

Für den Spargelsud die Spargelschalen waschen und in Salzwasser kochen (ca. 1 Stunde). Erkalten lassen. Das Eiweiß leicht anschlagen, das Rindfleisch dazufaschieren. Die Spargelspitzen abschneiden und separat kochen. Die Zwiebel halbieren, trocken anbraten und zusammen mit den Tomaten, Pimpinelle und Eiswürfel zum Faschierten geben. Gut vermischen. Den kühlen Spargelsud daruntermischen, sehr langsam zum Kochen bringen, dabei ganz vorsichtig umrühren (die Suppe wird durch heftige Bewegungen oder heftiges Kochen trüb). Eine gute Stunde langsam kochen lassen. Die Suppe mit der Schöpfkelle nach und nach vorsichtig durch ein Tuch passieren, salzen, abschmecken. Die Spargelspitzen und ein Pimpinellenblatt als Einlage geben.

Gefüllter Lungenbraten

1,2 kg Rindsfilet
Cognac
Fleischbrühe
Senf
Für die Füllung:
1 Zwiebel, Butter
150 g Champignons
180 g gekochter Schinken
Je 5 g Basilikum, Sellerie, Salbei
10 g Petersilie
1 Ei
2 entrindete Semmeln, etwas Rahm
Salz, Pfeffer

Die gehackte Zwiebel in Butter anrösten. Champignons, Schinken und die übrigen Kräuter fein zerhacken und beimengen. Das Ei, die in Rahm aufgeweichten Semmeln, Salz und Pfeffer dazugeben und alles gut vermischen. Das Rindsfilet von den Sehnen befreien, von der Seite aufschneiden, mit einer Plastikfolie bedecken und gleichmäßig klopfen. Das Filet mit der Farce füllen, aufrollen, mit einer Schnur binden, leicht salzen und mit Senf bestreichen. Bei guter Hitze (ca. 200 Grad) im Ofen etwa 20 Minuten braten. Warmstellen. Den Lungenbraten aus dem Topf nehmen, einen Teil des Fettes wegschütten, den Bratfond mit etwas Cognac löschen und mit Fleischbrühe aufgießen. Die Soße einkochen lassen, dann passieren. Das Filet in 16 Scheiben schneiden, auf einer Platte anrichten und mit den Mandelbällchen und den Karotten garnieren. Die Soße separat servieren.

Mandelbällchen

400 g gekochte, passierte, warme Kartoffeln, 2 Dotter, 100 g Kartoffelmehl, 60 g Butter, etwas Muskatnuß und Salz rasch zu einem Teig vermischen und zu 24 kleinen Kügelchen formen. Die Kügelchen in Mehl, verschlagenen Eiern und Mandelsplittern panieren, in heißem Öl ausbacken.

Karotten in Kerbelbutter

200 g Karotten in ca. 2 cm lange Stäbchen schneiden, in Salzwasser kochen und in Kerbel, Salz, Pfeffer und Butter schwenken.

Rhabarberterrine mit Walderdbeermark

400 g Rhabarber, geschält
1/4 l Milch
5 Eigelb
120 g Zucker
8 Blatt Gelatine
0,4 l Rahm
300 g Walderdbeeren (ersatzweise Erdbeeren)
100 g Staubzucker

Rhabarber in Stücke schneiden und gar, aber nicht musig kochen. Die Gelatine in kaltem Wasser einweichen. Dotter und Zucker cremig rühren, die kochende Milch dazugießen, alles in einen Topf geben und auf den Herd stellen. Die Masse langsam und unter ständigem Rühren bis zur ‚Rose' erhitzen (d. h. bis die Creme angedickt auf dem Holzlöffel liegen bleibt). Die Gelatine gut ausdrücken und in der heißen Crememasse auflösen. Kalt stellen. Rahm steifschlagen und zusammen mit den Rhabarberwürfeln unter die Crememasse heben. In eine Terrinenform füllen und kalt stellen. Stürzen, in 8 Scheiben schneiden und mit den passierten Walderdbeeren, die mit Staubzucker vermischt wurden, zur Hälfte bedecken.

Menü 4

Erich Sander

Kastaniennocken

Fleischbrühe mit Schwammerl-schnitte

Ente mit Cognacsoße
Försterkartoffeln
Blaukraut
Gefüllte Birne mit Preiselbeeren

Gebackene Erdbeertrauben mit Zimtkruste

Kastaniennocken

600 g Kartoffeln
100—150 g gekochte, passierte Kastanien
100 g Mehl
2 Eidotter
Schnittlauch
Parmesankäse, gerieben
50 g Butter

Die geschälten Kartoffeln in Salzwasser kochen, ausdampfen lassen, noch heiß passieren. Etwas abkühlen lassen, dann mit den passierten Kastanien, Mehl und Eidotter zu einem Teig kneten. Nocken abstechen und in kochendem Salzwasser kurz aufkochen, mit dem Schaumlöffel herausnehmen. Die Nocken in brauner Butter schwenken, in Teller verteilen und mit Schnittlauch und wenig Parmesankäse bestreut servieren.

Fleischbrühe mit Schwammerlschnitte

1,3 l gute Fleischbrühe
4 Scheiben Toastbrot
200 g Schwammerln
1/4 Zwiebel, Butter
1 Knoblauchzehe
Petersilie

Mit Wurzelgemüse und Suppenfleisch eine gute Fleischsuppe bereiten. Durch ein Tuch passieren. (0,3 l für die Ente beiseite stellen). Das Toastbrot entrinden und in Butter abrösten. Die Zwiebel fein schneiden, in etwas Butter glasigdünsten, die geputzten, kleingeschnittenen Schwammerln dazugeben, die zerquetschte Knoblauchzehe und gehackte Petersilie beifügen, alles weichdünsten und mit Salz und Pfeffer abschmecken.
Die heiße Fleischsuppe in Tassen gießen. Die Schwammerln auf die gerösteten Brotscheiben geben und die Brotscheiben auf die Suppe legen. Mit Petersilie bestreuen und zu Tisch tragen.

Ente mit Cognacsoße

1 Ente (1,8—2 kg)
Salz, Pfeffer
1 Apfel
1 Zwiebel
1/2 Stange Sellerie
2 Karotten
Salbei, Rosmarin, 1 Glas Cognac
1 l Weißwein
1 l Fleischsuppe
Butter

Die Ente sauber waschen, trocknen, innen und außen mit Salz und Pfeffer einreiben. Den Apfel vierteln und in die Ente geben, damit sie den leichten Moorgeruch verliert. Mit dem Wurzelgemüse in eine Bratreine geben und in den auf 180 Grad vorgeheizten Ofen schieben. In etwa 1 bis 1 1/2 Stunden unter ständiger Kontrolle und Begießen schön knusprig braten. Wenn die Ente gar ist, herausnehmen und mit Salbei und Rosmarin auf ein großes Stück Alufolie geben. Mit etwas Cognac begießen, die Folie verschließen und die Ente darin einige Zeit ruhen lassen. In der Zwischenzeit den Bratfond einkochen lassen, gut entfetten, mit Wein löschen. Die Fleischsuppe angießen und eine Zeitlang kochen. Die Soße passieren und mit etwas roher Butter und Cognac verfeinern. Die Ente aus der Folie nehmen, achteln, auf eine Platte geben, mit den Försterkartoffeln, Blaukraut und den Preiselbeerbirnen umlegen, mit etwas Soße überglänzen und servieren. Die restliche Soße getrennt dazu reichen.

Försterkartoffeln

Für die Försterkartoffeln vier mittlere, geschälte Kartoffeln aushöhlen und kurz kochen. Aus feingehacktem Kalbfleisch, kleinwürflig geschnittenem Schinken, Essiggurken und Peperoni eine Füllung herstellen, mit Salz, Pfeffer, Petersilie, Zitronenschale, Parmesankäse und etwas feingehackter, abgerösteter Zwiebel abschmecken. Mit dieser Masse die Kartoffeln füllen, in eine flache Kasserolle geben und mit Butter und etwas Fleischsuppe weichdünsten.

Blaukraut

Siehe Rezept unter „Beilagen und Gemüse" S. 61

Gefüllte Birne mit Preiselbeeren

Zwei Birnen schälen, halbieren, etwas aushöhlen, leicht salzen und im Rohr weichdünsten. Mit Preiselbeeren füllen.

Gebackene Erdbeertrauben mit Zimtkruste

600 g Erdbeertrauben
50 g Mehl
2 Eier
Zucker, Zimt
Fett zum Backen

Die Trauben waschen, von den Stengeln befreien, trocknen. Das Mehl in eine Schüssel sieben, die Trauben darin wälzen, die verquirlten Eier dazugeben, untermengen. Die Trauben portionsweise in sehr heißem Fett backen. Herausnehmen, abtropfen lassen und auf einem Holzteller mit Weinblättern anrichten. Stark mit Zimtzucker bestreuen und heiß servieren.

Rhabarberterrine mit Walderdbeermark ▷▷

Italienisch kochen in Südtirol

Sardelle in saór

Marinierte Sardellen

500 g frische Sardellen oder Meerbarben (triglie)
Mehl. Olivenöl
Salz
2 große Zwiebeln
1/4 l weißer Essig

Die Sardellen ausnehmen, waschen, trocknen und in Mehl wälzen. In reichlich Olivenöl von beiden Seiten schön braten, herausnehmen, auf Küchenpapier abtropfen lassen, salzen.
1/2 Glas frisches Olivenöl in einen Topf geben und erhitzen. Die Zwiebeln in dünne Ringe schneiden, dazugeben und auf kleinem Feuer dünsten. Essig dazugießen und weiter auf kleinem Feuer einkochen lassen, bis eine dickliche Soße entstanden ist. In eine flache Schüssel eine Schicht Sardellen geben, mit einem Teil der Soße begießen, wieder eine Schicht Sardellen, die restliche Soße darüberschütten. Die Sardellen müssen mit der Flüssigkeit ganz bedeckt sein. Zudecken und an einem kühlen Ort 48 Stunden durchziehen lassen.

Peperoni in olio

Peperonistreifen in Öl

4—6 rote und gelbe Peperoni (Paprikaschoten)
5 Eßl. Olivenöl
1 Eßl. Essig
1—2 Knoblauchzehen
Salz

Die Peperoni 1—2 Minuten in kochendes Wasser werfen, dann schälen. Den Deckel samt den anhaftenden Kernen abschneiden. Die Peperoni in breite Streifen schneiden. Öl und Essig erhitzen, die Streifen darin 10 Minuten unter Rühren schmoren. Mit Salz bestreuen. Knoblauch in dünne Scheibchen schneiden und dazugeben, dann alles im Öl erkalten lassen.

Mozzarella con pomodori

Mozzarella mit Tomaten

4 Fleischtomaten
2 Mozzarelle (möglichst vom Büffel)
1 Bund Basilikum
Salz, Pfeffer
Olivenöl erster Pressung

Tomaten waschen, vom Stengelansatz befreien, in 1/2 cm dicke Scheiben schneiden. Mozzarelle ebenfalls in Scheiben schneiden. Auf einem großen Teller die Tomaten und die Mozzarellascheiben abwechselnd schichtweise verteilen. Salzen, mit frischgemahlenem Pfeffer bestreuen, mit Olivenöl beträufeln. Mit Basilikumblättern dekorieren.

Zucchini a scapece

Marinierte Zucchini

600 g kleine Zucchini
1 Bund Petersilie
3 Knoblauchzehen
Ca. 8 Eßl. Olivenöl
Salz, 2 Eßl. Weinessig

Die Zucchini waschen, abtrocknen, in Scheiben schneiden. Petersilie und Knoblauch zusammen fein hacken. Die Hälfte vom Olivenöl erhitzen und die Zucchinischeiben darin schön knusprig braten. Salzen und auskühlen lassen.
Ein flaches, kleineres Porzellangefäß schichtweise mit den Zucchinischeiben füllen, dabei jede Schicht mit Knoblauch, Petersilie, Essig und Olivenöl würzen.
Ein bis zwei Tage im Kühlschrank durchziehen lassen. Eine Stunde vor dem Servieren aus dem Kühlschrank nehmen.

◁ Mozzarella mit Tomaten

Spaghetti alla bolognese

Spaghetti mit Bologneser Sugo

1 Karotte, 1 Stange Bleichsellerie
1 Zwiebel, 1 Knoblauchzehe
Olivenöl, 50 g Schinken
30 g Trockenpilze (einweichen!)
250 g Rinds- oder Schweinefleisch, gehackt, oder beides gemischt
1/8 l Rotwein
500 g reife, gute Tomaten oder 1 Dose Pelati, Salz, Pfeffer
1/8—1/4 l Fleischbrühe
400 g Spaghetti
80 g geriebener Parmesankäse, 4 Eßl. Rahm

Das Gemüse sehr klein würfeln, in Olivenöl mit der Zwiebel, Knoblauchzehe, gewürfeltem Schinken und den Trockenpilzen anbraten. Das Hackfleisch zugeben und mitbraten, bis es eine helle Farbe bekommt. Den Wein zugießen, etwas verdunsten lassen, dann die geschälten, durch ein Sieb passierten Tomaten oder die Pelati daruntermischen. Salzen, pfeffern und bei kleiner Hitze in ca. einer Stunde fertigschmoren lassen. Ab und zu umrühren und, falls notwendig, Fleischbrühe angießen.
Die Spaghetti kochen, abseihen, mit dem Sugo vermischen, Sahne und Parmesan zugeben, fertig abschmecken.

Spaghetti alle vongole

Spaghetti mit Venusmuscheln

400 g Spaghetti
1 kg Venusmuscheln (oder 1 Glas zu 500 g)
3 Eßl. Olivenöl
2 Knoblauchzehen
400 g geschälte Tomaten (Pelati)
1 Bund Petersilie
Salz, Pfeffer

Die Muscheln gut waschen (kaputte oder geöffnete Muscheln wegwerfen!), in einen großen Topf mit wenig Wasser geben und zugedeckt bei sehr starker Hitze so lange rütteln, bis sich alle Muscheln geöffnet haben. Herausnehmen (die Flüssigkeit aufheben!), etwas abkühlen lassen, dann das Muschelfleisch herauslösen. Den Muschelsud durch ein Leinentuch passieren.
Knoblauch und die Hälfte der Petersilie sehr fein hacken und mit dem Olivenöl und dem Muschelsud in einen Topf geben. Erhitzen und auf wenige Löffel einkochen lassen. Die passierten Tomaten hinzufügen und bei guter Hitze dicklich werden lassen. Pfeffer darübermahlen, das Muschelfleisch dazugeben und darin wärmen, aber nicht kochen!
Die Spaghetti kochen, abseihen, in vorgewärmte Teller geben, mit der Soße begießen und mit gehackter Petersilie bestreuen.
Ohne Parmesankäse servieren.

Spaghetti alla carbonara

Spaghetti mit Speck und Eiern

400 g Spaghetti
100 g Bauchspeck oder Speck
1 Eßl. Öl
4 Eidotter
2 Eßl. Rahm
70 g Parmesankäse, gerieben
Salz, Pfeffer

Den Speck in Streifen schneiden und in einer breiten Pfanne bei milder Hitze in Öl braten. Vom Herd nehmen und warmhalten. Die Nudeln in reichlich Salzwasser kochen. Währenddessen in einer Schüssel die Eidotter, Rahm, die Hälfte vom Parmesankäse, etwas Salz und reichlich frisch gemahlenen Pfeffer mit dem Schneebesen gut verschlagen. Den Speck wieder erhitzen. Die Spaghetti, ziemlich „al dente" gekocht, abseihen, zum Speck schütten und damit vermischen. Vom Herd nehmen, die Eiermasse schnell und gründlich untermischen. In vorgewärmte Teller verteilen. Den restlichen Käse dazuservieren.

Cannelloni ripieni

Cannelloni mit Fleischfüllung

Für den Teig:
400 g Mehl, 4 Eier, Salz
Für die Füllung:
400 g Kalbsbraten
300 g frischen Spinat
130 g gekochten Schinken
100 g Parmesankäse, gerieben
2 Eier
Salz, Pfeffer, Muskatnuß
Für die Soße:
50 g Butter, 50 g Mehl
1/2 l Milch

Aus Mehl, Eiern und Salz einen Nudelteig herstellen, rasten lassen, dann dünn ausrollen. Mit einem Messer Quadrate von 10 cm Durchmesser schneiden. In reichlich Salzwasser garkochen, abseihen, abschrecken und auf einem Tuch ausbreiten.
Den gekochten, ausgedrückten und passierten Spinat in eine Schüssel geben. Kalbsbraten und Schinken faschieren und mit den Eiern, etwas Parmesan, Salz und Pfeffer zum Spinat geben, und alles gut vermischen.
Butter schmelzen lassen, das Mehl einrühren, mit heißer Milch aufgießen und zu einer geschmeidigen Masse verrühren. Mit Salz, Pfeffer und Muskatnuß würzen.
Die Fülle auf den Blättern verteilen, einrollen und nebeneinander in eine gebutterte, flache Form geben. Die Béchamelsoße darübergießen, mit Parmesankäse bestreuen, mit Butterflöckchen bestecken und im vorgeheizten Ofen bei 200 Grad ca. 20 Minuten überbacken.

Lasagne al forno

Lasagne überbacken

350 g Lasagne (breite Teigblätter)
1 kleine Zwiebel, 1/2 Karotte
1 Stange Sellerie
50 g roher Schinken
30 g Butter
200 g Rinderhackfleisch
1/2 Glas Weißwein
500 g geschälte Tomaten (Pelati)
Salz, Pfeffer
40 g Butter, 40 g Mehl
1/2 l Milch
100 g Parmesankäse, gerieben

Zwiebel, Karotte, Sellerie und Schinken zusammen fein hacken, dann in Butter langsam anbraten. Das Hackfleisch hinzufügen und bei erhöhter Hitze braten, bis es Farbe annimmt. Den Wein angießen, verdampfen lassen, die passierten Tomaten zufügen, salzen, pfeffern und bei milder Hitze zugedeckt 1 bis 1 1/2 Stunden köcheln lassen. Falls notwendig, etwas Wasser zufügen.
Die Teigblätter in reichlich Salzwasser „al dente" kochen, abseihen, abschrecken und auf einem Tuch ausbreiten.
Für die Béchamelsoße Butter zerlassen, Mehl einrühren und eine hellblonde Farbe annehmen lassen, mit heißer Milch aufgießen und mit Salz, frisch gemahlenem Pfeffer und Muskatnuß würzen. 10 Minuten unter Rühren köcheln lassen. Einen Teil vom Parmesan einrühren. Eine Auflaufform ausbuttern, eine Lage Nudeln hineingeben, löffelweise Ragú und Béchamelsoße darüber verteilen. Mit Parmesankäse bestreuen. So oft wiederholen, bis alle Zutaten aufgebraucht sind, wobei mit einer gleichmäßigen Schicht Béchamelsoße abgeschlossen wird. Mit Parmesan bestreuen, mit Butterflöckchen bestecken und im vorgeheizten Ofen bei 200 Grad 30—40 Minuten backen.
Heiß servieren.

Fettuccine all'Alfredo

Bandnudeln mit Butter

Für den Teig:
300 g Mehl
3 Eier
Salz
Für die Soße:
120 g Butter
100 g Parmesankäse, gerieben

Aus den Teigzutaten einen glatten, geschmeidigen Teig kneten (mindestens 10 Minuten kneten), zudecken und kurz rasten lassen. Auf bemehlter Arbeitsfläche dünn austreiben, kurz antrocknen lassen und in schmale Streifen schneiden. In reichlich Salzwasser kochen (probieren!). Abseihen und in eine heiße Schüssel geben, mit dem Parmesankäse gründlich, aber schnell vermischen. Nun nach und nach die Butter in Flöckchen drangeben und mit den Nudeln gut vermischen. In gut vorgewärmte Teller geben.

Anmerkung: Anstatt die Nudeln selber zu machen, kann man auch Fettuccine all'uovo im Geschäft kaufen. Dieses Gericht schmeckt nur ausgezeichnet, wenn alle Zutaten frisch und von ausgesprochen guter Qualität sind.
In manchen Restaurants werden unmittelbar am Tisch frische, weiße Trüffeln über die Fettuccine gehobelt.

Trenette al pesto

Trenette mit Basilikumsoße

400 g Trenette all'uovo (ersatzweise Tagliatelle)
100 g Basilikumblätter, frisch
Je 50 g geriebener sardischer Schafskäse und Parmesankäse
50 g Pignoli
3 Knoblauchzehen
Knapp 1/8 l Olivenöl

Basilikum unter fließendem Wasser schnell waschen, dann gut abtrocknen. Pignoli im Ofen leicht bräunen. Alle Zutaten (zuunterst das Öl) in den Mixer geben und bei mittlerer Geschwindigkeit mischen, bis die Zutaten gut zerkleinert sind und die Soße glatt ist. (Einige Leute schwören darauf, daß die Soße noch besser wird, wenn man alle Zutaten geduldig im Mörser zerstößt.)
Die Nudeln in Salzwasser „al dente" kochen, abseihen, mit dem „pesto" vermischen und in vorgewärmten Tellern sofort servieren.

Maccheroni ai 4 formaggi

Maccheroni mit 4 Käsesorten

400 g Maccheroni
Je 60 g Mozzarella, Gruyére, Gouda, Fontina valdostana
60 g Butter
1/2 Teel. Mehl
1/8 l Milch
Parmesankäse, Salz
Pfeffer, frisch gemahlen

Die vier Käsesorten in kleine Würfel schneiden. Die Hälfte der Butter erhitzen, das Mehl hineinrühren, mit der heißen Milch aufgießen und auf dem Feuer gut vermischen. Vom Herd nehmen und die Käsewürfel einrühren.
Die Maccheroni in reichlich Salzwasser kochen, abseihen, in eine vorgewärmte Schüssel geben, mit der restlichen zerlassenen Butter übergießen, Pfeffer darübermahlen. Den inzwischen wieder kurz erhitzten Käse über die Maccheroni geben und damit vermischen. Parmesankäse getrennt dazu reichen.

Anmerkung: Man kann auch andere Käsesorten als die genannten verwenden, auf jeden Fall sollte aber Fontina valdostana dabeisein.

◁ Trenette mit Basilikumsoße

Gnocchi con sugo di pomodoro

Kartoffelnockerln mit Tomatensoße

1 kg mehlige Kartoffeln
250—300 g Mehl
1 Ei, 1 Teel. Salz
Für die Tomatensoße:
1/2 Zwiebel
1 Knoblauchzehe
Öl und Butter
500 g gut ausgereifte Tomaten oder
1 Dose Pelati
Salz, Pfeffer, Basilikumblätter
Parmesankäse

Die Kartoffeln samt der Schale in einen Kochtopf geben, mit Wasser auffüllen, so daß sie gerade eben bedeckt sind, salzen und weichkochen. Im warmen Backofen ausdampfen lassen. Noch heiß schälen und durch die Kartoffelpresse auf die Arbeitsfläche drücken. Eine Mulde machen, das Ei und etwas Salz hineingeben, das Mehl rundherum verteilen und die Zutaten zu einem eher weichen, glatten Teig verarbeiten. Falls er viel zu weich sein sollte, noch etwas Mehl zugeben, aber je weniger Mehl drin ist, desto besser sind die Nokkerln. Aus dem Teig daumendicke Nudeln formen, in kleine Stücke schneiden, jedes einzeln über das umgedrehte Reibeisen rollen und mit dem Daumen eine kleine Mulde hineindrücken. Vereinfacht kann man auch mit dem Teelöffel Nokkerln abstechen. Die kleingehackte Zwiebel und Knoblauchzehe in Butter und Öl anbraten, die geschälten, kleingeschnittenen Tomaten (oder Pelati) zugeben, salzen, pfeffern. Diese Soße soll einen frischen Geschmack haben, deshalb nicht länger als 15 Minuten dünsten lassen. Kurz vor Ende der Garzeit die Basilikumblätter zufügen. Salzwasser aufkochen, die Gnocchi nach und nach zugeben und, sobald sie an die Oberfläche kommen, mit dem Schaumlöffel herausnehmen. Mit der Soße vorsichtig vermischen und mit wenig Parmesan bestreut servieren.

Varianten:

— alla piemontese
Man gibt die Gnocchi in eine vorgewärmte Schüssel und bestreut sie mit Parmesan. Butter mit einigen Salbeiblättchen nußbraun werden lassen und über die Gnocchi gießen.

— al gorgonzola
50 g Butter mit 1/8 l Rahm auf kleinem Feuer erhitzen, vom Herd nehmen. 100 g kleingeschnittenen, milden Gorgonzola daruntermischen, gut verrühren und mit den Nocken vermischen.

Gnocchi alla romana

Grießschnitten auf römische Art

1 l Milch
250 g Weizengrieß
100 g Butter
120 g geriebener Parmesankäse
2 Eidotter, Salz

Die Milch zum Kochen bringen und den Grieß in einem feinen Strahl unter ständigem Rühren hineinrieseln lassen. Die Masse bei schwacher Hitze und unter weiterem Rühren 15 Minuten kochen. Salz, jeweils die Hälfte von der Butter und vom Parmesan hinzufügen, dann die Eigelbe und alles gut verrühren. Den Brei auf eine mit Wasser gefeuchtete Arbeitsplatte stürzen und mit einem Spatel 1 cm dick glattstreichen. Vollständig erkalten lassen. Ein Glas mit einem Durchmesser von 5 cm in Wasser tauchen und damit Kreise ausstechen. Eine flache Auflaufform ausbuttern, die Gnocchi dachziegelartig hineinschichten, mit Parmesan bestreuen und die restliche, zerlassene Butter darübergießen. Im vorgeheizten Ofen bei starker Hitze etwa 20—30 Minuten goldgelb überbacken.

Risotto alla milanese

Risotto mit Safran

Etwa 1 l kräftige Fleischbrühe
80 g Butter
30 g Rindermark
1 Zwiebel
300 g Reis (Riso arborio superfino)
1/8 l Weißwein
1 Briefchen Safranpulver
4 Eßl. geriebener Parmesankäse

Die Fleischbrühe in einem Topf zum Sieden bringen. Die Hälfte der Butter in einer Kasserolle erhitzen, das Rindermark darin schmelzen lassen und die kleingehackte Zwiebel darin ca. 8 Minuten bei schwacher Hitze dünsten (sie darf nicht braun werden). Reis zufügen und so lange rühren, bis er glasig ist. Wein angießen und verdampfen lassen. Nun immer wieder eine Schöpfkelle von der leise kochenden Suppe zugießen und mit dem Reis vermischen. Nach 18 Minuten müßte der Reis gar und die Suppe verbraucht sein. Kurz vor Ende der Kochzeit den Safran in wenig Suppe auflösen und in den Risotto rühren. Den Reis vom Herd nehmen, die restliche Butter und Parmesan unterrühren und zugedeckt 2—3 Minuten rasten lassen.

Varianten:

— ai funghi (mit Pilzen)
Risotto wie oben beschrieben zubereiten (ohne Rindermark und Safran). In einer zweiten Pfanne etwas Olivenöl erhitzen und darin 250 g Steinplize (oder Mischpilze) und eine Knoblauchzehe kräftig braten, bis die Flüssigkeit verdampft ist. Mit frisch geriebenem Pfeffer würzen und zusammen mit gehackter Petersilie zum Reis geben. Kurz mitkochen. Ein Stückchen Butter und Parmesan vor dem Servieren untermischen.

— al finocchio (mit Fenchel)
2 Fenchelknollen sehr klein schneiden und in Butter und Öl auf kleiner Flamme braten. Den Reis zufügen, gut verrühren, Wein angießen. Die Hitze wieder etwas erhöhen und immer wieder mit der Fleischbrühe aufgießen. Nach der halben Garzeit 1 Teelöffel Fenchelsamen hinzugeben. Wenn der Reis nach 18 Minuten gar ist, ein Stückchen Butter und 2 Eßlöffel Parmesan untermischen. Vor dem Servieren 2—3 Minuten rasten lassen.

— con gli asparagi
1 kg Spargel waschen, schälen, die Spitzen abschneiden und aufheben. Den Spargel in wenig Salzwasser weichkochen, durchpassieren (dabei das Passierte ins Spargelwasser fallen lassen), warm halten. 1/2 Zwiebel in Butter anschwitzen, Reis zufügen, glasig werden lassen, 1/2 Glas Weißwein angießen, verdampfen lassen, den kochend heißen Spargelsud nach und nach angießen, mit etwas Fleischextrakt würzen, falls notwendig, zusätzlich mit etwas Fleischsuppe auffüllen. Zwischendurch rühren. Gegen Ende der Garzeit die Spargelspitzen, ein Stück rohe Butter, geriebenen Parmesan untermischen, kurz ruhen lassen, dann sofort servieren.

Fette di pesce con olive
Fischscheiben mit Oliven

4 Scheiben Schwertfisch (oder Goldbarsch- oder Rotbarschfilets)
Salz, Pfeffer
Olivenöl
4 Sardellenfilets, 1 Zwiebel
2 Knoblauchzehen
10 grüne Oliven
1 Eßl. Kapern
1 kleine Dose Pelati (geschälte Tomaten)
Gehackte Petersilie

Die Fischscheiben waschen und trocknen, salzen. Die Zwiebel kleinhacken und in Öl mit den zerpflückten Sardellenfilets, Knoblauchzehen, in Streifen geschnittenen Oliven, und Kapern kurz anbraten. Die Tomaten dazugeben, leicht würzen und bei milder Hitze etwa 15 Minuten eindicken lassen. Die Petersilie untermischen. Die Fischscheiben in die Soße legen und zugedeckt bei schwacher Hitze 20 Minuten garen. Einmal wenden.

Tonno alla siciliana
Thunfisch auf sizilianische Art

600 g Thunfisch
1/4 l Weißwein
1 Knoblauchzehe
1 Rosmarinzweig
3 Sardellenfilets, gut gewaschen und entgrätet
1 Zitrone
1/2 Glas Olivenöl
Salz, Pfeffer

Am Abend vorher den Thunfisch gut waschen und in Scheiben schneiden. Wein, die zerquetschte Knoblauchzehe, Rosmarin, Zitronensaft, Salz und frisch gemahlenen Pfeffer miteinander vermischen und den Thunfisch darin über Nacht marinieren. Den Fisch abtropfen lassen und auf dem Grill, unter häufigem Begießen mit der Marinade, von beiden Seiten schön braten. Warm stellen. In einem kleinen Topf das Öl mit den Sardellenfilets erhitzen, dabei die Filets mit Hilfe einer Gabel zerpflükken. Dieses Sößchen über die Fischscheiben gießen und sofort servieren.

Pesce alla griglia
Fisch vom Grill

4—8 kleine Fische mit Kopf, z. B. pagelli, triglie, sogliole, cefaletti (Rotbrassen, Meerbarben, Seezungen, Meeräschen)
3 Eßl. Olivenöl
Saft von 1 Zitrone
2 Knoblauchzehen
Salz, Pfeffer
Petersilie, feingehackt

Die Fische ausnehmen, falls nötig schuppen, waschen und abtrocknen. Öl, Zitronensaft, kleingehackten Knoblauch, Salz, frisch gemahlenen Pfeffer und Petersilie miteinander vermischen und über die Fische gießen. 1 Stunde stehen lassen.
Einen Grillrost über Holzkohlenfeuer (oder ersatzweise einen Grillrost im Elektroherd) erhitzen. Den abgetropften Fisch auf den Grill legen und von beiden Seiten goldbraun grillen. Zwischendurch mit der Marinade bepinseln. Auf Tellern anrichten, mit wenig Öl beträufeln und mit Zitronenscheiben und Petersilie garnieren.

Fisch vom Grill ▷

Scampi alla griglia

Scampi vom Grill

1/2 kg Langustenschwänze in der Schale
oder Riesenscampi
50 g Butter
3 Eßl. Olivenöl
1 Eßl. Zitronensaft
1 Teel. Knoblauch, feingehackt
1 Teel. Frühlingszwiebeln, feingehackt
1 Teel. Salz, Pfeffer, frisch gemahlen
Gehackte Petersilie

Die Schwänze von der Schale befreien (das letzte Stückchen dranlassen!) und mit einem scharfen Messer am Rücken entlang schneiden und den Darmstrang entfernen. Den Grill vorheizen. Die Butter in einer großen Pfanne zerlassen, aber nicht bräunen, Olivenöl, Zitronensaft, Knoblauch, Frühlingszwiebeln , Salz und Pfeffer zugeben. Die Langustenschwänze hineingeben und darin wenden, bis sie schön glänzen, dann unter den Grill halten und von beiden Seiten leicht bräunen. Auf einem Teller anrichten, mit gehackter Petersilie bestreuen und mit Zitronenachteln garnieren.

Variante: 1/8 l Olivenöl und 1/8 l Weißwein mit 1 Teelöffel Salz und 1 Eßlöffel Origano kurz aufkochen, über die ungeschälten Scampi schütten und einziehen lassen. Dann auf dem Holzkohlengrill (oder unter dem Grill im Ofen) unter fleißigem Bepinseln mit der Marinade in ca. 15 Minuten von beiden Seiten grillen.

Merluzzo al forno

Kabeljau, im Rohr gebraten

1 kg Kabeljau am Stück
1 Zwiebel
2—3 Tomaten
1 ungespritzte Zitrone
Verschiedene Kräuter (Petersilie, Basilikum, Salbei)
Salz, Pfeffer
Olivenöl

Den Fisch waschen, abtrocknen, mit Salz und Pfeffer einreiben. Zwiebel, Tomaten und Zitrone in Scheiben schneiden. In eine feuerfeste Form Olivenöl geben, darauf die Zitronen-, Tomaten- und Zwiebelscheiben verteilen, gehackte Kräuter darüberstreuen, mit Olivenöl beträufeln. Den Fisch auf das Gemüse legen, mit Zitronenscheiben belegen, etwas Olivenöl darübergeben und im vorgeheizten Ofen bei guter Hitze 20—30 Minuten schmoren. Den Kabeljau dabei einmal vorsichtig wenden.

Cozze al forno

Miesmuscheln überbacken

1 1/2 kg Miesmuscheln (möglichst große)
Olivenöl
2 Zitronen, 1 Bund Petersilie
1 Eßl. Essig, Salz
2 Knoblauchzehen
Semmelbrösel
Pfeffer, frisch gemahlen

Die Muscheln gut waschen und mit einer groben Bürste bürsten. In einen großen Topf mit wenig Olivenöl geben, erhitzen und, sobald sich die Muscheln öffnen, herausnehmen, aufbrechen (die Flüssigkeit auffangen und zur anderen Muschelbrühe geben!), die leeren Muschelhälften wegwerfen. Den Bart von den Muscheln entfernen. Den Muschelsud durch ein Tuch seihen und mit 4 Eßlöffeln Olivenöl, Saft von zwei Zitronen, gehackter Petersilie, Essig vermischen. Die Muschelhälften in eine mit Öl ausgetrichene, flache Form oder Platte geben und mit dem Gemisch begießen. Die Knoblauchzehen mit 1 Eßlöffel Öl zerquetschen und auf den Muscheln verteilen. Auf jede Muschel Semmelbrösel streuen, alles mit frisch gemahlenem Pfeffer würzen. Im gut heißen Ofen ca. 15 Minuten überbacken. Möglichst im selben Geschirr servieren.

Árista alla fiorentina

Schweinebraten mit Rosmarin
(für 6 Personen)

Etwa 1,2 kg vom Knochen gelöstes Kotelettstück
1 Eßl. gehackte Rosmarinnadeln
3 Knoblauchzehen
Salz, Pfeffer
3—4 Rosmarinzweigchen
Öl

Rosmarinnadeln, zerquetschten Knoblauch, Salz und Pfeffer vermischen und das Fleisch damit rundherum einreiben. Mit den Rosmarinzweigen belegen und binden. Den Braten in eine Bratenpfanne mit wenig Öl legen und im Rohr bei starker Hitze etwa 3/4—1 Stunde braten. Zwischendurch mit dem Bratensaft begießen.

Anmerkung: 1/2 Stunde vor Ende der Garzeit kann man geschälte, geviertelte Kartoffeln dazugeben.
Am besten schmeckt dieser Braten, wenn man ihn auf einen Spieß steckt und über Holzkohle grillt (bei starker Hitze 30 Minuten grillen, dann die Hitze verringern und noch etwa 1 Stunde weitergrillen).

Stufato di maiale al latte

Schweinebraten in Milch geschmort
(für 6 Personen)

Ca. 1 kg mageres Schweinefleisch von der Oberschale oder Nuß
Salz, Pfeffer, Muskatnuß
2—3 Knoblauchzehen
1 Zwiebel
50 g Butter
1 l Milch
1 Zweig Rosmarin
1 Zweig Salbei
1 Lorbeerblatt

Das Fleisch auf der Innenseite gut salzen und pfeffern, dann zusammenrollen und binden. Knoblauch und Zwiebel fein hacken. Butter in einer schweren Kasserolle, die gerade groß genug für den Braten ist, erhitzen, das Fleisch darin bei mittlerer Hitze rundum leicht anbraten. Zwiebel und Knoblauch mitbraten. Gleichzeitig die Milch kurz aufkochen, vom Herd nehmen und zum Fleisch gießen. Mit Salz, frisch gemahlenem Pfeffer und Muskatnuß kräftig würzen. Das Lorbeerblatt und die Gewürzzweige dazugeben. Zugedeckt im Backrohr unter gelegentlichem Wenden in ca. 1 1/2 Stunden garen. Den Braten herausnehmen, warm stellen. Die Soße bei starker Hitze auf etwa eine Tasse einkochen, mit dem Schneebesen gut verrühren. Das Fleisch in Scheiben schneiden und die Soße darüberpassieren.

Agnello al forno

Lammkeule mit Zwiebeln und Kartoffeln

1 Lammkeule (1,2 kg)
2 Knoblauchzehen
1 Rosmarinzweig
6 junge Zwiebeln (Frühlingszwiebeln)
800 g neue Kartoffeln
1/2 Glas Öl
30 g Butter
Salz, Pfeffer

Das Fleisch waschen und trocknen. Knoblauch und Rosmarin sehr fein hacken und mit Öl und Butter in eine Bratrein geben und erhitzen. Das Fleisch darin rundherum schön anbraten, dann die Zwiebeln und die geschälten Kartoffeln hinzufügen. Den Topf in den gut vorgeheizten Ofen geben und etwa 1 Stunde unter häufigem Wenden braten.
Falls nötig, noch etwas Öl zugeben. Sehr heiß mit einem frischen Salat servieren.

Ossobuco alla milanese

Kalbshaxe Mailänder Art

4 Scheiben Kalbshaxe (jeweils ca. 4 cm dick)
50 g Butter, Mehl
1 Zwiebel, 1 Stengel Sellerie
1 Karotte
200 g geschälte Tomaten (Pelati)
Salz, Pfeffer
1 Glas Weißwein
Für die „gremolata":
1 Eßl. gehackte Petersilie
1 Knoblauchzehe, Zitronenschale
2 Sardellenfilets

Butter in einer breiten Pfanne zerlassen. Die Fleischscheiben waschen, trocknen (nach Belieben mit dem Küchengarn wie ein Paket binden), in Mehl wenden und in der Butter von beiden Seiten braun braten. Die kleingeschnittene Zwiebel, Sellerie, Karotte dazugeben und mitrösten. Die passierten Tomaten hinzufügen, den Wein angießen. Salzen und pfeffern. Zugedeckt etwa 1 Stunde bei milder Hitze schmoren lassen. Falls nötig, etwas Wasser angießen. Für die „gremolata" Petersilie, Knoblauch, Zitronenschale und Sardellenfilets zusammen fein hacken. 10 Minuten vor Ende der Garzeit auf das Fleisch streuen. Dazu einen Mailänder Risotto servieren.

Quaglie con polenta

Wachtelspieß mit Polenta

8 gerupfte, ausgenommene Wachteln
8 lange, dünne Speckscheiben
16 Salbeiblätter
Butter
Salz, Pfeffer
1/16 l Rotwein

Die Wachteln vom Kopf befreien, Kragen und Flügel abschneiden, innen ausputzen. Das Innere mit Salz und Pfeffer würzen, ein Salbeiblatt hineingeben. Die Wachteln zusammenbinden, auf die Brust ein Salbeiblatt geben, mit den Speckstreifen umwickeln, salzen, pfeffern, je 2 auf einen Holzspieß stecken, mit den kleingeschnittenen Wachtelflügeln in eine Pfanne geben und mit Butter beträufeln. 12 Minuten in sehr heißem Rohr braten. Die Spieße herausnehmen und warm stellen, den Bratfond gut entfetten, anschließend mit Rotwein loskochen, passieren, abschmecken und neben die angerichteten Wachteln gießen.
Hierzu wird Polenta gereicht.
Wenn Bratensaft vorhanden ist, kann man die Soße damit etwas verlängern.

Saltimbocca alla romana

Kalbsschnitzel mit Salbei und Schinken

8 dünne, kleine Kalbsschnitzel
Salz, Pfeffer
8 dünne Scheiben Rohschinken
Frische Salbeiblätter
2 Eßl. Butter u. 2 Eßl. Öl zum Braten
1/8 l Wein, 1 Eßl. Butter

Die Schnitzel leicht klopfen, salzen, pfeffern, mit je einem Salbeiblatt belegen, darüber eine Schinkenscheibe legen und mit dem Handrücken festdrücken. Die Schnitzel mit der Schinkenseite nach unten ins erhitzte Fett legen, einige Minuten braten, umdrehen, fertigbraten, herausnehmen und warmstellen. Das überschüssige Bratfett abgießen. Den Bratfond mit dem Wein unter Rühren loskochen, etwas einkochen lassen, die Butter hineinschlagen, mit Salz und Pfeffer würzen und an die angerichteten Schnitzel gießen (pro Teller sollte man nur etwa 1—2 Eßlöffel Soße geben).

◁ Kalbshaxe Mailänder Art

Latte brûlè

Milchcreme mit Karamel

1 l Milch, 1 Vanillestange
2 Eier
6 Eidotter
100 g Zucker, 3 Eßl. Zucker

Die Milch mit der Vanillestange in einen Topf geben und eine gute Stunde sehr langsam kochen lassen, bis nur mehr etwa 0,4 l übriggeblieben sind. In eine Schüssel gießen und erkalten lassen. In einer anderen Schüssel die 8 Eigelbe mit dem Zukker gut schaumig rühren, dann behutsam in die Milch rühren.
3 Eßlöffel Zucker bergförmig in einen kleinen Topf geben und auf mildem Feuer schmelzen lassen. Erst wenn der Zucker am Rand braun wird und schmilzt, den Topf vorsichtig hin und her bewegen, damit sich der Zucker nach und nach ganz auflöst. Wenn 2/3 des Zuckers geschmolzen sind, umrühren und eine goldbraune Farbe annehmen lassen. Eine Porzellanform mit dem Karamel ausgießen. Die Creme eingießen, mit durchlöcherter Alufolie abdecken, in einen Topf mit dick ausgelegtem Zeitungspapier geben und bis zu 2/3 der Form kochend heißes Wasser angießen. Auf milder Hitze unter öfterem Nachfüllen der verdampften Wassermenge die Creme garen, bis sie auf Fingerdruck leichten Widerstand leistet und ein Messer, das man hineinsticht, vollkommen glatt herauskommt.
Erkalten lassen, mit einem spitzen Messer am Rand entlangfahren und die Creme auf eine Platte stürzen.

Pesche ripiene

Gefüllte Pfirsiche

4 reife, weißfleischige Pfirsiche
2 Eßl. Zucker
5 ital. Mandelmakronen (amaretti)
40 g gehackte Mandeln
1 Teel. Schokoladenpulver
1 Eßl. Mandellikör (Amaretto)
1/2 Glas Weißwein, Zucker
Butter

Die Pfirsiche halbieren, entsteinen und einen Teil des Fruchtfleisches herausnehmen. Die Pfirsichkerne aufklopfen und das Innere mit den gehackten Mandeln, zerbröselten Makronen, Schokoladenpulver, Likör und Zucker vermischen und zu einer Paste verrühren. Die Makronenmasse in die Pfirsichhälften füllen, in eine gebutterte Auflaufform setzen, mit Zucker bestreuen. Den Wein angießen und im vorgeheizten Backrohr 15—20 Minuten überbakken, bis die Füllung eine braune Kruste hat.

Tirami sù

Cremedessert mit Mascarpone
(für 6—8 Personen)

500 g Mascarpone (ital. Sahnefrischkäse)
3 Eier, 1 Eidotter
4 Eßl. Zucker
2 Eßl. Eierlikör
1 Packg. Löffelbiskuits
Ca. 1/4 l Kaffee, stark und ungesüßt, erkaltet
Schokoladepulver

Die vier Eidotter mit Zucker schaumig rühren. Mascarpone und Eierlikör untermischen. Eiklar zu steifem Schnee schlagen, locker und vorsichtig unter die Masse heben. Die Löffelbiskuits einzeln in den Kaffee tauchen (nur ganz kurz, damit sie sich nicht vollsaugen), dicht nebeneinander in eine flache Form aus Porzellan oder Glas legen. Mit der Hälfte der Creme bedecken, dann wieder eine Schicht Kekse und mit der Creme abschließen. Dick mit Schokoladepulver bestreuen und für einige Stunden in den Kühlschrank stellen.

Anmerkung: Man kann diese Süßspeise auch 1/2 Stunde vor dem Servieren in den Tiefkühler stellen und sie etwas anfrieren lassen.

Tirami sù (Cremedessert) ▷
Wachtelspieß ▷▷

Erklärungen einiger Küchenausdrücke

Ablöschen: heiße Flüssigkeit wird aufgegossen, um den am Boden angerösteten, festhaftenden Bratensatz zu lösen.

Abschrecken: gekochte Speisen (wie z. B. Spinat oder Spatzlen) werden in reichlich kaltem Wasser abgeschreckt, entweder durch Übergießen von kaltem Wasser oder durch Eintauchen. Man kann dem kalten Wasser zusätzlich einige Eiswürfel beigeben. Beim Spinat bewirkt das Abschrecken, daß er eine schöne, grüne Farbe behält.

Faschieren: durch den Fleischwolf drehen.

Festpitschen: Südtiroler Ausdruck für fest andrükken, wird meistens bei Krapfen verwendet, deren Ränder vor dem Backen oder Kochen fest zusammengedrückt werden.

Gehen lassen: Germteig mit einem Tuch zudecken und an einem warmen Ort (gut geeignet ist das minimal geheizte geöffnete Backrohr oder auch ein Heizkörper) stehen lassen, bis sich das Volumen fast verdoppelt hat.

Kleinhacken: damit wird im allgemeinen eigentlich das Kleinwürfligschneiden von Zwiebeln oder Gemüse oder das Kleinschneiden von Kräutern gemeint. Vom Hacken ist man abgekommen, da dadurch wertvolle Säfte verlorengehen.

Marinieren: auch durchziehen lassen. Lebensmittel (meistens Wildfleisch, aber auch Fische) werden eingerieben oder mit diversen Gewürzen und Gemüsen in Flüssigkeit gelegt und ein bis zwei Tage darin gelassen, bis sie den Geschmack der Zutaten aufgenommen haben. Hernach werden sie abgetrocknet und wie üblich gebraten oder geschmort.

Passieren: durch ein Sieb oder ein Tuch drücken. Wird meistens bei Soßen verlangt.

Reduzieren: einkochen. Soßen oder Bratfonds werden eingekocht, damit sie eine dickere Konsistenz bekommen und der Geschmack konzentrierter wird.

Unterheben, unterziehen: vorsichtiges Vermischen von empfindlichen Cremes, Teig und Eischnee. Am besten benutzt man zum Unterheben einen Kochlöffel und hebt damit die festere Masse immer wieder über den Eischnee, bis er völlig vom Teig bedeckt und vermischt ist. Durch dieses vorsichtige Unterheben wird der Eischnee nicht zerschlagen, und der Kuchen oder das Gebäck geht locker auf.

Warmhalten: während man die Soße zubereitet, muß das Fleisch oder der Fisch warm gehalten werden. Dies geht entweder zwischen zwei heißen Tellern oder Fleisch und Fisch werden in Alufolie gewickelt oder in den abgeschalteten, leicht geöffneten Ofen gestellt und mit Alufolie abgedeckt. Der dabei austretende Saft wird noch zur Soße gegeben.

Das Wasserbad wird zum sanften Erwärmen von empfindlichen Cremes, Soßen oder Speisen und zum Schmelzen z. B. von Schokolade verwendet. Hierfür stellt man einen kleineren Topf in einen größeren, füllt den Größeren zu 2/3 mit kochendem Wasser und hält das Wasser immer kurz unter dem Siedepunkt. Falls das Wasser zu kochen beginnt, wenig kaltes Wasser zugeben.

Kleines Küchenlexikon

Antipasti	— kleine, meist kalte italienische Vorspeisen
„Al dente" kochen	— die Nudeln (oder Gemüse) sollen gargekocht sein, müssen aber noch Biß haben, d. h. einen kleinen, harten Kern haben
Bauernbratl	— Schweinsbraten und -rippen mit Kartoffeln
Beuschel	— Lunge
Brösel	— Semmelbrösel, Brotbrösel
Brotklee	— Botanische Bezeichnung: Trigonella caerulea. Blätter werden gepflückt, getrocknet und zerrieben.
Buchteln	— Wuchteln, Hefegebäck
Dampfl	— Hefevorteig, Hefeansatz (siehe auch S. 99)
Erdäpfelplatteln	— in Fett ausgebackene Rechtecke aus Kartoffelteig
Fettuccine	— schmale Bandnudeln
Fettuccine all'uovo	— Eierbandnudeln, meist hausgemacht oder in Spezialgeschäften zu kaufen (dsgl. Tagliatelle)
Frittaten	— feinnudelig geschnittene Palatschinken, Suppeneinlage
Gelbe Rüben	— Karotten
Germ	— Hefe
Geselchtes, Selchfleisch	— geräuchertes Schweinefleisch
Gnocchi	— eine Art Nockerln, aus Kartoffeln, Grieß oder Spinat
Graukas, Graukäse	— pikanter, intensiv riechender Almkäse
Gröstl	— geröstete Kartoffelscheiben mit Kalb- oder Rindfleisch
Hexenschlucker	— Teigtaschen mit Pilzfüllung
Hirnprofesen (Pavesen)	— Gewürztes Hirn auf Brotscheiben und in Fett ausgebacken
Holersulze	— 4- bis 5fach konzentrierter, ohne Zucker hergestellter dickflüssiger Saft der Holunderbeeren
Hufeisen	— hufeisenförmiges Fettgebäck mit Trockenfrüchten
Kalbsstelze	— Kalbshaxe
Karfiol	— Blumenkohl
Kaminwurzen	— kleine, geräucherte, luftgetrocknete Würste
Kapuzinerfleisch	— Scheiben von Kalbsnierenbraten und Nieren mit Bohnen und Speck in Wein geschmort
Kloazenfülle	— Krapfenfüllung aus gedörrten, passierten Birnen
Kniekiechl	— rundes Hefe-Fettgebäck
Kranewitter	— Wacholderschnaps
Kren	— Meerrettich
Kutteln	— gereinigter, gekochter Magen, Kaldaunen
Lasagne	— breite Teigblätter, auch als eigenständiges Gericht bekannt
Maibutter	— halbgeschlagener Rahm, mit Zimt und Zucker bestreut
Marillen	— Aprikosen
Mascarpone	— italienischer Rahmfrischkäse, wird besonders für Desserts verwendet
Mozzarella	— kleiner, kugelförmiger Frischkäse aus Büffelmilch (oder Kuhmilch)

Oster-Fochaz — rundes Osterbrot mit eingesticheltem Muster
Palatschinken — dünne Pfannkuchen
Pasta — Teigwaren mit verschiedensten Soßen
Pelati — eingelegte, geschälte, sonnengereifte Tomaten
Peperoni — Paprikaschoten
Pesto — Basilikumsoße mit Knoblauch, Olivenöl, Pinienkernen und Parmesankäse
Pignoli — Pinienkerne
Preßknödel — flachgedrückte Käseknödel, die zuerst gebraten und dann gekocht werden
Saltimbocca — kleine Kalbsschnitzelchen mit Schinken und Salbei, wörtlich übersetzt „Spring-in-den-Mund"
Saure Suppe — Brennsuppe mit Kutteln, Kaldaunen
Scheiterhaufen — süßer Auflauf mit Brot- und Apfelscheiben
Schlosserbuben — in Backteig getauchte und ausgebackene Pflaumen
Schlutzkrapflen — Teigtaschen, meist mit Spinatfüllung
Schöpsenfleisch — Hammelfleisch
Schwammerl — Pilze
Schwarzplentenmehl — Buchweizenmehl (in Südtirol wird fast ausschließlich das grobe Buchweizenmehl verwendet)
Schwarzplenten-Friegele — kleine Teigkügelchen, die in Milch gekocht und serviert werden
Schwarzplenten-Riebler — zerkleinerte Mehlspeise aus Buchweizenteig
Spatzlen — Spätzle
Speck — geräucherter, luftgetrockneter, abgehangener Schinkenspeck
Stocktirtl — mit Topfen und Mohn gefüllte Teigblätter, die übereinandergeschichtet und mit Honigwasser übergossen werden.
Strauben — in Backfett kreisförmig eingegossener Teig
Straubentrichter — Trichter mit Henkel zum Straubenmachen
Sugo — Soße für Nudelgerichte
Tagliatelle — Bandnudeln
Tirtlen — in Fett gebackene, meist mit Kraut gefüllte Teigblätter
Topfen — Quark
Vinschger Paarl — paarweise gebackenes Roggenbrot aus dem Vinschgau
Völser Schüttelbrot — flache Fladen aus Roggenmehl mit unregelmäßiger Oberfläche, wird meist hart zu Rotwein und Speck gereicht
Vorschlagbrot — Roggenmischbrot
Weinkoch — kuchenähnlicher Auflauf, wird mit Glühwein serviert
Zelten — Früchtebrot mit sehr wenig Teig, Bozner Spezialität
Ziegerkas, Ziegerkäse — kleiner, kegelförmiger, pikanter Almkäse
Zigori — Zichorie, Löwenzahn
Zirggeien — auch Nigelen genannt, kleine, rundliche Hefekrapfen
Zucchini — Gemüsekürbisse

Weißweine

Eisacktaler Silvaner

Ein angenehm frischer, hellgelber Weißwein mit fruchtigem Geschmack. Er eignet sich als Aperitif, zu Spargeln, Weinsuppe und gekochtem Fisch. Er sollte eine Temperatur von 12° haben.

Eisacktaler Veltliner

Die Rebsorte ist der „Grüne Veltliner". Seine charakteristischen Eigenschaften sind der zartblumige Geruch, der angenehm würzige Geschmack und seine grünliche bis hellgelbe Farbe. Man serviert ihn mit einer Temperatur von ca. 11° zu Fisch und Spargeln.

Terlaner Sauvignon

Die Rebe stammt aus Frankreich und wird um Terlan und Andrian angebaut. Die Farbe des leicht aromatischen und nach Gras riechenden Weißweines ist grünlichgelb. Man trinkt ihn zu Zwiebelsuppe, gebakkenem oder gegrilltem Fisch, auch als Aperitif und natürlich zu Spargeln. Serviertemperatur 10—12°.

Südtiroler Gewürztraminer

Dieser stroh- bis goldgelbe, sehr aromatische Weißwein mit würzigem, vollmundigem Geschmack wird gerne als Aperitif oder zu gekochten Schalentieren und Desserts getrunken. Seine Serviertemperatur sollte 10—12° betragen.

Südtiroler Müller-Thurgau

Ein Weißwein mit einem ausgeprägten Charakter, grünlichgelber Farbe und charakteristischem Geschmack. Er kann als Aperitif und zu gegrillten oder gebackenen Meeresfrüchten gereicht werden. Serviertemperatur: 10°.

Südtiroler Rheinriesling

Diese Rebsorte stammt aus Deutschland und wird seit ungefähr 100 Jahren in Südtirol angebaut. Seine Farbe ist strohgelb bis grünlich, sein Geruch angenehm zart und charakteristisch, sein Geschmack trocken und frisch. Er wird mit einer Temperatur von ca. 11° serviert und vornehmlich zu Meeresfrüchten, gekochtem Fisch und Hirnsuppe getrunken.

Südtiroler Ruländer

Diese Rebsorte (pinot gris) stammt aus Burgund und wird hauptsächlich im Überetsch und Unterland angebaut. Sein Geschmack ist voll, weich, trocken, sein Geruch angenehm zart oder dezent blumig, seine Farbe strohgelb. Man reicht ihn zu gebackenen Pilzen, Süßwasserfischen, Fischsuppe und gebratenem Geflügel mit einer Serviertemperatur von 11—13°.

Südtiroler Weißburgunder

Seine Traube stammt aus Frankreich und wird seit 100 Jahren in Südtirol angebaut. Er ist wohl der bekannteste unter den Südtiroler Weißweinen, ist fruchtig und hat einen leichten Apfelton. Er wird oft zu Fisch und leichten Vorspeisen getrunken. Temperatur: 10—12°.

Südtiroler Goldmuskateller

Der Goldmuskateller ist ein Dessertwein mit strohgelber bis goldgelber Farbe, hat einen ausgeprägten, angenehm aromatischen Geschmack und riecht leicht nach Muskat. Er sollte mit 12° serviert werden und paßt gut zu Strudel, Kuchen und Krapfen.

Rotweine

Bozner Leiten

Ein Vernatschwein mit einem runden, vollmundig harmonischen Geschmack, einem blumigen Geruch und dunkelrubinroter Farbe. Seine Serviertemperatur sollte 16—18° betragen. Er wird zu Fleischpasteten, dunklem Fleisch (gegrillt oder gebraten), zu Wild oder Wildgeflügel und zu pikantem Hartkäse getrunken.

Südtiroler Weinkunde

Cabernet

Cabernet ist ein kräftiger, schwerer Rotwein mit granatroter bis dunkelroter Farbe, riecht etwas nach wildem Wein und Gras und hat einen vollmundigen, trockenen und harmonischen Geschmack. Zu Wild, Wildgeflügel und pikanten Käsesorten servieren (Temperatur 18—20°).

Kalterersee

Dieser Wein ist mit seinem angenehm blumigen Geruch wohl der bekannteste Vernatschwein. Er schmeckt mild und riecht leicht nach Mandeln. Er kann zu kalten Vorspeisen sowie Speck oder Wurst, zu Tellerfleisch, Kalbfleisch oder Geflügel bei einer Temperatur von 15° serviert werden.

Merlot

Diese Rebsorte wurde vor ungefähr 1000 Jahren aus Frankreich eingeführt. Seine Farbe ist granat- bis dunkelgranatrot. Er hat einen leicht erdigen Geruch und schmeckt etwas nach Gras. Man trinkt ihn zu Hasenbraten, Pfeffersteak, Wild- und Wildgeflügel und zu pikantem Hartkäse. Serviert wird er mit einer Temperatur von ca. 19°.

St. Magdalener

Der Magdalener zeichnet sich durch seine dunkelrubinrote Farbe und seinen blumigen und fruchtigen Geruch aus. Er ist der Kräftigste unter den Vernatschweinen und sollte zu Rindfleisch, Wild und Geflügel sowie zu pikantem Hartkäse bei einer Temperatur von ca. 17° getrunken werden.

Südtiroler Blauburgunder

Der Südtiroler Blauburgunder ist ein mittelschwerer Wein von rubin- bis granatroter Farbe, vollmundig und trocken schmeckend. Er wird aus den Sorten Blau- und Spätburgunder gewonnen. Besondere Jahrgänge können ohne weiteres mit Burgunderweinen verglichen werden. Zu Wild, Wildgeflügel, Steak, pikantem Hartkäse. Serviertemperatur 17—19°.

Südtiroler Grauvernatsch

Dieser rubinrote, vollmundig harmonisch schmeckende Wein sollte jung getrunken werden, da er nur eine Lagerfähigkeit von 1—2 Jahren hat. Er eignet sich zu kräftigen Vorspeisen, zu gebratener Kalbsstelze, Tellerfleisch und zu mildem Hartkäse. Serviertemperatur 15°.

Südtiroler Lagrein

Von diesem Wein gibt es zwei Sorten: den Lagreinkretzer und den Lagrein Dunkel. Der Kretzer wird weiß gekeltert, hat eine blasse, rubinrote Farbe, schmeckt frisch, charakteristisch und ist leicht anregend. Er wird zu geräuchertem Fisch, kalten Vorspeisen sowie zu Teigwaren mit Tomatensoße serviert. Seine Temperatur sollte 11° betragen. Der Lagrein Dunkel hat eine dunkelrubin- bis dunkelgranatrote Farbe, wird auf Trestern vergoren und schmeckt vollsamtig rund. Er wird zu Wildpasteten, Wild und Wildgeflügel, zu gebratenem, dunklem Fleisch und pikantem Hartkäse getrunken. Temperatur 18—20°.

Südtiroler Malvasier

Der Malvasier ist ein hellroter Wein mit eigenwilligem Charakter und harmonischem Geschmack. Er wird zu pikanten Fischgerichten, pikantem Weichkäse und Hasenbraten gereicht. Empfohlene Serviertemperatur: 14°.

Meraner Hügel

Dieser rubinrote, etwas kräftige Vernatschwein mit mildem, blumigem Duft und harmonisch-lebhaftem Geschmack wird zu kalten Fleischvorspeisen, Tellerfleisch, Geflügel, weißem, gebratenem Fleisch und mildem Käse getrunken. Temperatur ca. 15°.

Südtiroler Rosenmuskateller

Der Rosenmuskateller ist ein süßer, roter Dessertwein mit vollwürzigem Geschmack und riecht zart nach Rosen. Seine Farbe wird als blaßrubinrot bezeichnet. Er wird zu Süß- und Mehlspeisen gereicht (Serviertemperatur 12,5°).

Alphabetisches Register

Alphabetisches Register